1억 모을래? 그냥 살래?

[처음 시작하는 재테크]

맹재원 지음

이제 막 재테크의 출발선에 선 당신에게

아마 이 책을 집어든 당신은 지금 이런저런 돈 걱정에 골머리가 아플 것이다. 얼마 전 할부로 자동차를 구입해 다달이 날아드는 카드 대금 때문에 적자일 수 있고, 집주인이 전세 보증금을 올려달라는 통에 은행 대출을 알아보는 중일 수 있다. 모아둔 돈이 부족해 여자친구에게 언제 청혼해야 할지 고민일 수 있고, 몇 년째 학자금 대출을 갚느라 그 흔한 적금 통장 하나 만들지 못해 한심해할 수도 있다.

어쩌면 살면서 우리가 받는 스트레스의 대부분이 돈과 관련된 문제라 해도 과언이 아니다. 펑펑 쓰고 남을 만큼 버는 돈이 많거나 물려받을 유산이 건물 한 채쯤 되지 않는 한, 돈 문제에서 100퍼센트 자유로운 사람은 없다.

그런데 돈 걱정에 시달리는 사람들에겐 공통점이 하나 있다. 허구한 날 돈 걱정을 하면서도 내가 얼마나 벌고 얼마나 쓰는지 모른다는 것이다. 현금흐름조차 제대로 파악하지 못하면서도 실생활에선 '이 정도 쓰는 건 괜찮아' 하며 쉽게 지갑을 연다. 설상가상으로 자기가 번 돈은 부풀려서 생각하고 쓴 돈은 실제보다 줄여서 생각하는 습성마저 있다. 이렇다 보니 통장 잔고는 항상 바닥이고 돈 문제는 계속 쌓여만 간다.

사실 돈 걱정은 막연한 불안감에서 온다고 할 수 있다. 내 재무 상태를 잘 따져보지 않고 그냥 막연하게 돈을 더 많이 벌고 모으려는 사람일수록 돈에 휘둘리고 불안해할 가능성이 높다. 상위 몇 퍼센트에 드는 일부만 제외하고 돈은 한정적인 자산이기 때문에 어떻게 쓰고 어떻게 모을지 구체적으로 계획하고 실행에 옮기지 않으면 돈의 굴레에서 벗어나기가 어렵다.

딱 1억 원만 모아보자

지금 가진 돈조차 제대로 관리하지 못하면서 돈 걱정을 단번에 해결하고 얼른 부자가 되고 싶어 하는 사람들에게 필자가 하는 말이 있다.

"더도 말고 딱 1억 원만 모아봅시다!"

통장 잔고가 100만 원도 안 되는데 1억 원이 가당키나 하냐고 묻고 싶은가? 그렇다면 그 전에 1억 원의 의미에 대해 먼저 말해주고 싶다.

돈에 대해 아는 것이 없을수록, 또 재테크에 실패한 경험이 많을수록 가장 먼저 해야 할 일이 '오로지 내 힘으로 없는 돈을 만들어 보는 것'이다. 1억 원이라는 숫자 자체보다 거기에 이르기까지 얻게 되는 변화와 배움이 중요하다.

단언컨대 부자는 획기적인 계기나 사건이 아니라 과정에 의해 만들어진다. 하지만 막연히 돈을 벌고 싶어 하는 사람들은 과정을 무시한 채 사건 자체만 보려고 든다. 그러나 부자를 만드는 것은 과정이며, 우리가 익히 보고 들은 특별한 사건들은 과정의 결과일 뿐이다.

1억 원을 모으는 과정에서 깨달음을 얻는 순간 우리 손에 주어지는 1억은 평범한 1억이 아닌 위대한 1억이 된다. 그 뒤로는 굳이 이런 재테크 책을 찾아 읽지 않아도, 또 돈 좀 벌었다는 사람들에게 이런저런 귀동냥을 구하지 않아도 스스로 돈을 구하는 길을 터득하게 된다.

그럼에도 불구하고 1억 원이라는 숫자가 부담스럽고 엄두조차 나지 않는다면 실행 가능한 범위 안에서 1,000만 원 혹은 100만 원 이렇게 분명한 목표를 잡아보자. 그리고 눈 딱 감고 끝까지 해보는 거다. 목표를 이루었는데도 이전의 나와 달라진 점이 없다면 필자를 찾아와도 좋다. 아마 당신은 재테크에 필요한 온갖 무기를 장착한 채 더 큰 목표를 향해 뛸 채비를 하고 있을 것이다.

재테크는 인생설계와 같다

그런데 한 가지 분명히 알아야 할 것이 있다. 우리가 돈을 모으려는 목적이다. 1억 원이든 100억 원이든, 재테크의 최종 목적은 돈이 필요할 때 필요한 만큼의 돈이 있도록 만드는 것이다. 그렇다면 '필요할 때'에 초점을 맞춰야 한다. '필요할 때'는 결국 인생설계와 관련이 있다.

내가 인생에 어떤 목적을 갖고 무엇을 이루면서 살지 구체적인 계획이 있어야만, 어느 때 돈이 필요할지도 알 수 있다. 재테크에 성공하려면 인생설계가 먼저 따라야 하는 이유다. 인생설계를 통해 구체적인 재테크 계획이 잡히면 지출 문제로 가족과 갈등할 일도 없고 쓸데없이 조바심을 내며 통장 잔고를 들여다볼 일도 사라진다. 한마디로 돈 문제로 고달팠던 인생에 평화가 찾아드는 것이다. 그래서인지 내 주변 재테크의 달인들을 보면 인생도 계획적으로 참 멋지게 산다. 그들에게 있어 재테크란 단순히 돈을 모으고 불리기 위한 수단이 아니라, 자신의 인생을 행복하고 풍요롭게 만드는 윤활유다.

이 책의 독자들 중 상당수는 아마 내 인생에서 왜 돈이 필요한지, 재테크를 통해 무엇을 이루고 싶은지 진지하게 고민해보지 않았을 것이다. 인생설계라고 해서 거창하게 생각할 필요는 없다. 해야만 하는 의무일 때 재테크는 괴로운 숙제이지만, 내 인생의 가능성을 열어줄 수단으로서의 재테크는 그 자체만으로도 즐거운 여행이 된다.

한순간에 부자가 될 수 있는 특별한 비법 따위는 가르쳐주지 않지만(대박을 바라며 이 책을 집어 들었다면 지금이라도 덮길 바란다) 돈과 관련해 직면한 문제를 어떻게 해결해야 할지, 또 재테크 초보자인 당신이 부를 구축하기 위해 어떻게 첫걸음을 떼야 할지 안내해줄 수는 있다. 당신에게 문제를 해결할 의지와 열정이 있다면 미흡하나마 도움이 되리라 생각한다.

2017년 10월

맹재원

[Contents]

Chapter 5 투자에 실패하지 않으려면

Chapter 6 긴 인생 풍요롭게 살기 위해

모든 것은
마음먹기에
달렸다

물려받을 유산이 수십억쯤 되거나 어디 복권에라도
당첨되지 않는 한 돈을 모아야 한다는 사실을 모르는 사람은 없다.
하지만 이상하게도 돈을 제대로 모으는 사람은 많지 않다.
돈을 모으려면 먼저 내가 가진 돈이 정확히 어떻게 움직이는지
흐름을 파악하고 잘못된 점을 개선해야 한다.
이때 가장 중요한 것이 바로 지출 관리다.
돈을 모으는 데 있어 가장 큰 걸림돌은 지출 문제이기 때문이다.
돈을 모으기 위해 꼭 지켜야 할 기본 원칙은
'지출을 최대한 줄여 수입과 지출의 차이를 극대화하는 것'이다.

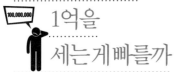

1억을 버는 게 빠를까, 1억을 세는 게 빠를까

금융권에 발을 들인 지 올해로 20년, 그간 금융전문가라는 직함으로 재테크 강연을 하며 만난 사람이 수만 명이 넘는다. 당연한 얘기겠지만 내 강연을 찾는 사람들의 한결같은 화두는 '돈'이다. 그 방법이 저축이든 투자든 부동산이든 결국은 '어떻게 하면 돈을 더 많이, 더 빨리 모을 수 있는지'로 귀결된다. 그런 사람들을 앞에 두고 나는 강연 첫머리에 늘 엉뚱한 질문을 먼저 던진다.

"1억을 버는 게 빠를까요, 세는 게 빠를까요?"

손을 들어보게 하면 세는 게 빠르다는 사람이 압도적으로 많다. 하나같이 뭘 그렇게 당연한 걸 묻느냐는 표정들인데, 개중엔 이렇게 묻는 사람도 있다.

"1억 버는 게 그렇게 쉬우면 이 자리에 오지도 않았죠."

과연 그럴까? 1억 원을 버는 게 빠를지 세는 게 빠를지 한번 구체적으로 계산해보겠다.

먼저 세는 쪽이다. 여기서 주의할 점은 1억 원을 1원씩 센다는 것이다. 1원을 세는 데 1초가 걸린다고 가정하면 한 시간에 셀 수 있는 돈은 3,600원이다(1시간=60초×60분). 사람이 스물네 시간 오로지 숫자를 센다는 건 현실적으로 불가능하다. 밥도 먹고 잠도 자고 친구도 만나야 하니, 십분 양보해 하루 8시간씩만 돈을 센다 치자. 그렇게 가정했을 때 1년에 셀 수 있는 돈은 760만 3,200원이다[3,600원×8시간(1일)×22일(월평균 근무일)×12개월]. 이를 기준으로 1억을 세려면 13.2년이 걸린다.

다음 버는 쪽이다. 대한민국 성인 누구에게나 적용 가능하도록 최저임금을 기준으로 따져보겠다. 2017년 한국의 최저임금, 즉 능력에 상관없이 노동의 대가로 받을 수 있는 임금의 최저치는 시간당 6,470원이다. 이 최저임금으로 하루 8시간씩 일을 한다고 가정하면 1년간 1,366만 4,640원을 벌 수 있다[6,470원×8시간(1일)×22일(월평균 근무일)×12개월]. 이를 기준으로 1억을 벌려면 7.3년이 걸린다. 초등학생 정도의 계산 능력이면 쉽게 답이 나오는 이 질문의 결론은 '돈을 버는 쪽이 세는 쪽보다 무려 5년 가까이 빠르다'이다.

그렇다면 이상하지 않은가? 세는 것보다 버는 게 훨씬 빠른 그 하찮은(?) 1억을 왜 우리는 쉽게 갖지 못하는 걸까? 1억이라는 돈은 내 몫이 아니라는 생각이 든다면, 당신은 돈에 대해 잘못 알고 있는 것이 분명하다.

당신은 돈에 대해 얼마나 알고 있는가

과장일지 모르지만 당신은 돈을 잘 모른다. 당신이 알고 있는 돈은 당신의 색안경을 통해 보는 돈일 뿐, 돈의 속성이나 움직이는 원리에 대해 제대로 아는 바가 없다.

그도 그럴 것이 우리는 자라는 동안 돈에 대해 제대로 배우지 못했다. 부모님은 그저 돈이 생기면 저축하라는 잔소리만 늘어놓을 뿐이었고(부모 세대에는 저축이 가장 안전하고 효과적인 재테크였다), 학교에서조차 돈과 관련된 지식은 아무것도 가르쳐주지 않았다. 그러니 당신이 아무리 우수한 성적으로 졸업해 좋은 직장을 가졌다 하더라도 돈에 관해선 '금융 문맹'이라고 해도 과언이 아니다.

돈을 모르는 사람에게 돈은 그저 종잇조각에 불과하다. 그런 사람들은 그저 아끼고 모으면 지금보다는 잘살 수 있을 거라 생각하거나, 유능한 투자전문가에게 맡기면 알아서 내 자산이 불어날 거라 기대할 뿐이다. 흥청망청 쓰는 것보다야 낫겠지만, 돈을 정확히 모르고서는 원하는 만큼 돈을 모을 수도, 부자가 될 수도 없다. 행복의 수단이 되어야 할 돈이 되레 흉기가 되어 당신 자신과 가족을 괴롭히고 인생을 황폐하게 만들지 모른다.

인정하고 싶지 않겠지만, 지금 상태가 지속된다면 적어도 돈과 관련해 밝은 미래를 기대할 수 없다(아마도 당신은 자신이 돈에 대해 뭘 잘못 알고 있는지조차 제대로 파악하지 못하고 있을 것이다).

빌 게이츠는 "태어나서 가난한 건 당신의 잘못이 아니지만, 죽을 때도 가난한 건 당신의 잘못이다"라고 말했다. 단언컨대 이 말은 우리 모두에게 해당되며, 자본주의 사회가 지속되는 한 여전히 유효하다. 이제라도 늦지 않았다. 우선 돈에 대한 선입견부터 버리자. 돈이라는 친구가 어떤 속성이 있고 무얼 따라 움직이는지 차근차근 알아가면서 작은 것부터 실천에 옮기다 보면, 어느 순간 돈이 당신을 저절로 따르는 짜릿한 경험을 얻게 될 것이다.

돈이
모이지않는
진짜이유

물려받을 유산이 수십억쯤 되거나 어디 복권에라도 당첨되지 않는 한 돈을 모아야 한다는 사실을 모르는 사람은 없다. 하지만 이상하게도 돈을 제대로 모으는 사람은 많지 않다.

금융감독원에 따르면 2016년 국내 은행의 예적금 중도해지율은 35.7퍼센트, 그중 적금의 중도해지율은 40.8퍼센트라고 한다. 3명 중 1명 이상이 만기 이전에 통장을 깬다는 뜻이다. 지속적인 경기불황과 저금리 시대에 더 좋은 금융상품으로 갈아탄 수요도 일부 있겠지만, 사실 그보다는 '돈의 흐름'을 정확히 알지 못한 탓이 크다.

돈을 모으려면 먼저 내가 가진 돈이 정확히 어떻게 움직이는지 흐름을 파악하고 잘못된 점을 개선해야 한다. 이때 가장 중요한 것이 바로 지출관리다. 평범한 사람이 돈을 모으는 데 있어 가장 큰 걸림돌은 지출 문제이기 때문이다. 돈을 모으기 위해 꼭 지켜야 할 기본 원칙은 '지출을 최대한 줄여 수입과 지출의 차이를 극대화하는 것'이다.

그렇다고 무작정 아끼라는 말은 아니다. 지출에 대해 점검해보지도 않고 허리띠부터 졸라매는 건 다이어트를 하겠다고 무조건 굶는 것과 같다. 자신의 신체 상태를 점검하지 않고 먹는 것만 줄이다 보면 단기적으로는 체중 감량에 성공할지 몰라도 결국 요요현상을 불러와 이전보다 더 살이 찌고 만다. 돈을 모으는 것도 이와 다르지 않다. 내 지출 항목을 정확히 파악한 뒤 고쳐야 할 부분을 점검하고 그에 맞춰 현실적이고 체계적인 계획을 세워야 한다.

그래서 나는 자산 구축을 위해 나를 찾는 고객들에게, 투자상품을 따지기 전에 먼저 지출 내역부터 정확히 점검하라고 조언한다. 밑 빠진 독에 물을 수십 통 부어봤자 도로아미타불일 테니 말이다.

지출 상태를 점검할 때는 먼저 내 의지와 상관없이 고정적으로 발생하는 지출과 내 의지에 따라 관리가 가능한 지출을 정확히 구분해야 한다. 지출관리를 제대로 한다는 것은 후자, 즉 내가 관리할 수 있는 지출을 최소화해 쓸데없이 누수되는 돈을 없애는 것이다.

가난하게 사는 사람만이 부자가 될 수 있다

그런데 고객들이 작성한 지출 내역을 확인해보면 분명 불필요한 지출인데도 매달 주기적으로 발생하는 지출이 꽤 많이 보인다. 심지어 전체 지출의 절반 이상이 불필요한 지출인 경우도 허다하다. 이유를 물어보면 인맥관리를 위해 일주일에 한두 번은 술을 마셔야 하고, 품위 유지를 위해 철이 바뀔 때마다 옷을 장만해야 한단다. 건강관리를 위해 헬스클럽에도 가야 하고, 정기적으로 스터디모임에도 참석해야 한다고(실제로 정말 공부를 하는지는 알 수 없다). 그러면서 이렇게 말한다.

"이건 살아가는 데 기본적으로 들어가는 돈 아닌가요? 장기적인 측면에서 일종의 투자라고 생각합니다."

돈 문제에 관해서는 스스로에 대해 왜 이렇게들 관대한지 모르겠다. 당신도 한번 잘 생각해보기 바란다. 왜 나는 돈을 모으지 못하는지를. 냉정하게 말하자면 '모을 돈이 없어서'가 아니라 '먹고살 만해서'다.

월 500만 원을 벌어도 500만 원에 맞춰 살면 돈을 모을래야 모을 수 없다. 남들만큼은 누리며 살겠다는 태도로는 기껏해야 신용카드 대신 체크카드를 쓰겠다는 답만 찾게 되고, 결국엔 몇 달 모으지도 못한 통장에 손을 대게 된다. 외상거래인 신용카드가 마이너스 잔고로 가는 지름길이라면 잔액거래인 체크카드는 제로 잔고로 가는 지름길이다.

마이너스 인생이나 제로 인생은 절대 부자가 될 수 없다. 바꿔 말하면, 가난하게 사는 사람만이 부자가 될 수 있다는 뜻이다. 남들보다 가난하게 사는 사람은 모든 거래에서 반드시 플러스를 남긴다. 또한 그 플러스의 크기가 부자가 되는 기간, 가능과 불가능을 결정한다.

많은 사람들이 부자가 되지 못하는 이유는, 특히 돈을 모으지 못하는 이유는 방법을 몰라서가 아니다. 돈 모으는 방법을 가르쳐줄 사람은 주변에 차고 넘친다(초록 창에 검색만 해봐도 수십 가지 방법이 뜬다). 돈을 모으지 못하는 진짜 이유는 자기 자신에게 너무 관대해서다. 얼른 돈을 모아 부자가 되고 싶은 마음은 있지만, 불편과 인내를 감내하는 건 싫은 거다. 그러니 늘 살던 대로 산다. 살던 대로 살아선 내가 가진 돈도 그대로일 뿐이다.

돈에 이름 붙이기

20대부터 악착같이 돈을 모아 30대 후반에 건물주가 된 사람이 있다. 금수저로 태어나지도 않았고 소위 '사'자 달린 전문 직업을 가진 것도 아니다. 대학 졸업 뒤 1년 만에 들어간 직장 연봉이 2,500만 원, 부모님이 지방에 사시는 탓에 꼬박꼬박 월세도 내야 하는 입장이었다. 그런 상황에서 어떻게 마흔도 안 돼 건물주가 될 수 있었는지 비결을 물으니 그는 되레 엉뚱한 질문을 던졌다.

"돈에 이름 붙여본 적 있으세요?"

돈이 그냥 돈이지 무슨 이름이 있다는 걸까? 선뜻 대답을 못하고 머뭇거리는 내게 그는 이런 이야기를 들려줬다.

"지갑에 10만 원이 있으면 다 쓰는 데 며칠이나 걸릴까요? 일주일도 안 돼 쥐도 새도 모르게 다 없어질 겁니다. 하지만 그중 비상금으로 2만 원을 접어서 지갑 깊숙이 넣어두면 그 돈은 좀처럼 꺼내 쓰지 않지요. 그건 2만 원에 '비상금'이라는 이름을 붙였기 때문이에요."

사실 그는 돈에 관해서 재테크의 '재' 자도 모르는 문외한이었다고 한다. 아낀다고 아끼는데 늘 잔고가 부족해 고민하던 차에 문득 침대 머리맡에 둔 저금통이 눈에 들어왔다고. 용도는 그저 비상금이었는데, 그 '비상금'이 꽤 오래 자리 잡고 있었다는 걸 깨달았다. 거기에 생각이 미치는 순간 그는 수중의 모든 돈에 이름을 붙이겠다고 마음먹었다. 매달 들어가는 월세, 교육비, 공과금, 식비는 물론 보증금을 올려주거나 각종 경조사에 쓰일 돈, 저축하는 돈까지 낱낱이 파악해 구체적으로 이름을 붙여 두었다. 상여금이나 수당이 생겨도 이를 공돈으로 여기지 않고 '직장을 잃었을 때 생활비', '나중에 결혼식에 쓸 예물비'라고 이름 붙여 출처를 분명히 했다.

그런데 단순한 이름 붙이기의 효과는 기대 이상이었다. 들어오고 나가는 모든 돈에 이름을 붙이는 순간 그 돈은 실체로 자리 잡게 되었고, 갈 곳을 지정해두니 함부로 손을 댈 수 없게 되었다. 결과적으로 보자면 새 나갈 여지를 애초에 방지한 셈이었다. 그런 생활이 한두 해 이어지니 어느새 월급이 같은 직장 동기보다 통장 잔고가 현격히 늘었고, 그렇게 10년 남짓 지난 후에는 자기 명의로 된 건물을 소유하게 되었다.

"단돈 1,000원이라도 이름을 붙여 버릇하니 돈을 잘 사용하는 법을 저절로 알게 되더군요. 나가는 돈을 가만히 살펴보면 소비, 투자, 낭비로 나눌 수 있습니다. 소비는 지출한 돈과 내가 받는 가치가 똑같은 것, 투자는 지출한 돈에 비해 가치가 높은 것, 낭비는 지출한 돈보다 내가 받는 가치가 낮은 것입니다. 돈 당신이 지출한 돈은 다음 세 가지 중 하나에 해당한다.

돈을 모으려면 투자를 많이 하고, 낭비를 줄여야 한다.

〈지출한 돈의 쓰임새와 가치〉

을 모으려면 투자를 많이 하고, 낭비를 줄여야 해요. 이름을 붙인다는 건 결국 그 돈의 쓰임새와 가치를 명확히 한다는 뜻입니다. 그걸 습관으로 만들면 헛돈을 쓰지 않게 돼요, 돈을 모으려면 먼저 헛돈부터 줄여야 합니다.”

경로우대 할인받는 회장님

실제로 우리가 익히 알고 있는 유명한 부자들은 헛돈을 쓰지 않는다. 스웨덴의 다국적 가구 기업 이케아(IKEA)의 창업주 잉바르 캄프라드(Ingvar Kamprad)는 꼭 필요한 것에만 돈을 쓰는 습관으로 유명하다. 그는 세계적 갑부이지만 웬만한 거리는 비행기 대신 기차를 이용하고, 반드시 경로우대 할인도 챙긴다. 젊어서부터 지금까지 늘 벼룩시장에서 옷을 사고, 떨이 상품을 사기 위해 저녁 늦게 슈퍼마켓을 찾는다.

투자의 귀재이자 억만장자인 워런 버핏(Warren Buffett)은 아직도 아내에게 용돈을 받아서 생활한다. 그는 용돈으로 출근길에 맥도널드 햄버거를 사먹는다고 한다. 햄버거 메뉴를 정할 때는 그만의 기준이 있는데 돈을 많이 벌었을 땐 특별히 베이컨이 들어간 메뉴를, 일이 안 풀린 날엔 소시지만 들어간 메뉴를

택한다.

페이스북 창시자로 전 세계 10위 안에 드는 자산가인 마크 저커버그(Mark Zuckerberg)는 아직도 티셔츠와 청바지 차림에 소형차를 몰고 다닌다. 뭘 입고 어떤 차를 탈지 고민할 시간을 인맥 네트워크에 쏟는다고 한다.

죽을 때까지 매일 펑펑 써도 재산이 남아돌 그들이 실제로 정말 그렇게 푼돈에 연연하며 사는지는 확인할 길이 없다. 하지만 하나 확실한 건, 부를 거머쥔 사람들은 모두 자기가 지닌 돈의 용도와 가치를 정확히 파악해 사용한다는 사실이다. 쓴 돈에 비해 얻는 가치가 적다면 아무리 액수가 적더라도 지갑을 열지 않는다.

자, 그렇다면 당신은 어떤가? 당신을 비롯해 대다수의 사람이 억만장자도 하지 않는 행동을 너무 쉽게 한다. 내가 쓴 돈이 얼마만큼의 가치가 있는지를 따지기는커녕, 총지출이 얼마나 되는지도 모른 채 소비에 골몰한다. '이 정도 쓰는 건 괜찮아' 하며 말이다. 당신이 괜찮다고 말하는 그 '이 정도'의 돈이 결국 잔고를 털어가는 주범이다.

나이 든 어르신들이 돈을 두고 '요물'이라고 하는 것은 어쩌면 상당히 과학적인 논리에서 비롯된 건지 모른다. 돈이 잔고를 털어가는 요물이 되지 않고 부를 이루는 수단이 되려면, 방법은 하나다. '어떤 돈이든 절대 금액은 같다'는 사실을 늘 기억하는 것이다. 통장 잔고가 부족한 사람치고 이 사실을 제대로 인식하고 있는 이는 드물다.

현금흐름표를 작성해보자

한 달간 돈이 들어오고 나간 내역을 다음의 현금흐름표에 적어보자. 현금흐름표를 작성하면 소득에 비해 지출이 적절한지, 저축 규모가 적절한지, 불필요한 지출은 없는지 등을 파악할 수 있어 지출관리에 도움이 될 것이다.

수입			지출		
구분	항목	금액	구분	항목	금액
고정수입			저축 및 투자		
			고정지출		
기타 수입			변동지출		
			기타 지출		
수입 합계			지출 합계		

- 고정수입 : 급여, 상여금, 임대소득 등
- 기타 수입 : 이자소득, 용돈 등
- 저축 및 투자 : 적금, 연금저축, 청약부금, 저축보험 등
- 고정지출 : 보험료, 관리비, 통신료, 대출상환비용 등
- 변동지출 : 식비, 의류비, 외식비, 의료비, 자녀교육비 등
- 기타 지출 : 축의금, 조의금 등

돈에도 만유인력의 법칙이 있다

돈은 돈끼리 모인다

잠시 기분 좋은 상상을 해보자. 만일 내게 100만 원이 생긴다면 뭘 할까? 저가항공을 이용해 해외여행을 다녀올 수도 있고, 평소 갖고 싶었던 디지털기기나 가방을 살 수도 있다. 아니면 이참에 효도하는 셈치고 부모님께 값나가는 보약 한 재를 해드릴 수도 있다.

자, 이제 100만 원이 아니라 1,000만 원이 생긴다면 뭘 하겠는가? 1,000만 원 정도 되면 얘기가 좀 달라진다. 돈을 조금 더 보태 소형차를 한 대 장만할 수도 있고, 눈 딱 감고 이자가 부담스러웠던 대출금의 일부를 갚을 수도 있다. 아니면 1,000만 원으로 가입할 수 있는 투자상품을 알아볼 수도 있을 것이다.

마지막으로 1억 원이 생긴다면 어떨까? 이제는 전혀 다른 차원으로 접근하게 될 것이다. 주식이나 채권은 물론, 조금 더 욕심을 내 부동산을 알아볼 수도 있다. 즉 눈앞의 즐거움을 쫓기보다는 그 돈을 활용해 얻을 수 있는 미래의 자산 가치를 가늠하는 것이다.

눈치 빠른 사람이라면 알아챘을 것이다. 자본주의 사회를 사는 우리는 가진 돈의 액수가 적으면 지금 당장 만족할 수 있는 소비를 생각하지만, 수중의 돈이 크면 생각이 소비에서 투자 쪽으로 바뀐다.

재테크 전문가로서 말하자면 실제로 가진 돈이 클수록 돈을 벌 수 있는 기회는 훨씬 많아진다. 만일 당신이 1,000만 원 정도 들고 은행에서 거래를 하려고 하면 대기표를 뽑아들고 한참을 기다려 창구 직원에게 궁금한 점을 일일이 물어야 할 것이다. 하지만 1억 원을 들고 간다면 당신은 그 즉시 VIP룸으로 안내받아 커피를 마시며 물을 것도 없이 원하는 정보를 얻을 수 있다. 그러다가 돈이 좀 있다는 소문이라도 돌면 증권사에서 주식에 관해 설명해주는 전화를 주기적으로 받을 수 있고, 부동산업체로부터 목 좋은 건물이 나왔다는 소식을 들을 수도 있다. 수중에 '큰돈'이 있으면 돈을 벌 수 있는 정보가 제 발로 찾아오는 것이다.

그 큰돈이 바로 재테크 전문가들이 입이 닳도록 강조하는 '종잣돈'이다. 재테크에 전혀 관심이 없는 사람이더라도 종잣돈이 중요하다는 말을 한 번쯤은 들어봤을 것이다. 종잣돈이 중요한 이유는 돈에도 만유인력의 법칙이 적용되기 때문이다. 만유인력이란 모든 물체 사이에 작용하는 서로 끌어당기는 힘을 말한다. 이때 질량이 큰 물체가 작은 질량의 물체를 끌어당긴다. 지구의 중력이 대표적인 예다.

돈도 마찬가지다. 돈은 돈끼리 모인다. 또한 큰돈이 푼돈을 끌어당기는 특성이 있다. 흔히 알고 있듯, 처음 1억 원을 모으는 건 무척 어렵지만 그 뒤로는 어렵지 않게 돈이 모이는 것도 돈의 그런 특성 때문이다. 종잣돈을 가져본 적이 없어서 피부로 와 닿지 않는가?

재테크의 기본은 종잣돈 만들기

당신에게 1억 원이 있고 이를 오로지 돈을 불리는 수단으로 사용한다고 치자. 1년에 꾸준히 20~30퍼센트의 수익을 낸다면 원금을 제하고 2,000만~3,000만 원의 돈을 벌게 된다. 웬만한 중견기업의 초봉에 해당하는 돈이다. 내가 땀 흘려 일하지 않아도 신입사원의 연봉쯤은 앉은 자리에서 벌 수 있다는 의미다. 행여 구조조정 대상자가 되거나 일에 지쳐 직장을 그만둔다 해도 사는 데 어려움이 없는 것이다. 되레 그동안 해보고 싶던 취미활동을 할 수 있고, 점 찍어둔 곳으로 훌쩍 여행을 다녀올 수도 있다. 내가 가진 1억 원이 나를 대신해 그만한 돈은 충분히 벌어다주기 때문이다.

이렇듯 종잣돈이 생기면 나를 대신해 돈이 돈을 버는 시스템이 구축되고, 시간이 흐를수록 눈덩이 불듯 주머니가 두둑해진다. 그래서 돈을 좀 벌어본 사람들은 종잣돈 마련을 재테크의 기본 중 기본이라고 입을 모은다.

문제는 처음 종잣돈을 만드는 것이 결코 쉽지 않다는 점이다. 재테크에 실패하는 가장 큰 원인도 바로 종잣돈 만들기를 포기하기 때문이다. 100만 원이나 200만 원 정도는 그래도 의지를 갖고 덤비면 가능하다. 하지만 평범한 월급쟁이는 돈 1,000만 원도 중도에 포기하지 않고 끝까지 모으기 쉽지 않다. 그렇다면 어떻게 해야 할까?

안타깝게도 종잣돈을 만드는 특별한 비법은 없다. 세상 어디에도 쉽게 얻을 수 있는 종잣돈은 없다는 말이다. 하지만 한 가지 위안이 되는 사실이 있다. 어렵게 만든 종잣돈일수록 가늠할 수 없는 가치를 지닌다는 점이다. 종잣돈을 만들기 위해 자기 자신과 치열한 싸움을 벌이는 과정에서 돈을 모으는 요령, 가치 있게 소비하는 법 등 자신만의 재테크 내공이 자연스럽게 쌓인다. 그 내공은 세상 어디에서도 배울 수 없는 나만의 노하우가 되어, 부자가 되는 이정표 역할을 해준다. 즉 종잣돈과 함께 거머쥐게 되는 건 바로 돈을 제대로 다루고 키워나갈 수 있는 지혜다. 종잣돈의 진짜 가치는 바로 그 지혜에 있다.

'천 리 길도 한 걸음부터'라는 고리타분한 속담은 종잣돈을 모을 때만큼은 딱 맞다. 중요한 건 첫걸음이다. 힘들더라도 무식하게, 남 보기에 뻔뻔하게 뚜벅이처럼 실천해보자. 마침내 해냈다는 성취감은 덤으로 얻게 되고, 그 자신감으로 재테크에 박차를 가하게 될 것이다. 언젠가 그 순간을 맞게 될 당신에게 미리 축하의 말을 전한다.

종잣돈 모으는 생활습관

재테크를 하기로 마음먹었다면 생활 속에서 나도 모르게 새는 돈을 막는 것부터 시작해야 한다. 다음 방법들이 생활습관이 된다면 종잣돈을 보다 빨리 모을 수 있을 것이다.

첫째, 자동차 대신 대중교통을 이용한다

직장생활을 시작하면 누구나 자동차를 구매하고 싶어한다. 그러나 자동차를 구매하면 구입비만이 아니라 유지비, 세금, 보험료, 유류비 등 소요비용이 어마어마하다. 자동차를 구매하는 대신 대중교통 이용을 습관화하면 10년 후 약 5,000만 원의 종잣돈 적립 효과가 생길 것이다.

둘째, 무심코 사용하는 돈을 줄인다

우리나라 성인은 한 달에 커피값으로 12만 원 정도를 쓴다고 한다. 12만 원을 20년간 2퍼센트 복리로 저축한다면 약 3,500만 원을 모을 수 있다. 절약을 통해 부자가 된 사람은 적은 돈도 함부로 쓰지 않고 꾸준히 저축하는 습관을 가졌다는 점을 잊지 말자. 커피 한 잔, 담배 한 갑, 군것질거리 등 적은 금액의 지출부터 줄이도록 노력해보자.

셋째, 신용카드 대신 체크카드나 현금을 사용한다

신용카드는 통장에 잔액이 없어도 물건을 살 수 있는 외상구매다 보니 충동구매나 할부구매를 하게 된다. 한 달 예산이나 통장 잔액 내에서 지출을 하면 아무래도 소비하기 전 한 번 더 생각하게 되어 불필요한 소비를 줄일 수 있다.

넷째, 통신비를 최소한으로 줄인다

통계청이 발표한 가구당 평균 통신비를 1인당으로 계산하면 4만 7,000원이라고 한다. 30~40대 직장인들의 대부분은 평균보다 통신비를 많이 사용한다. 통신비는 돈이 쉽게 새어나가는 구멍이다. 통신비를 줄일 수 있는지 자신의 통화 요금제를 꼼꼼히 살펴보고 재설계하도록 하자.

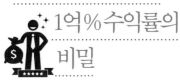

없는 돈을 만드는 게 재테크, 1억%수익률의 비밀

불가에 일체유심조(一切唯心造)라는 말이 있다. 《화엄경》의 핵심 사상으로 '모든 것은 마음먹기에 달렸다'는 뜻이다. 실제로 우리는 무언가 이루고자 할 때 일단 마음부터 다잡는다. 학창시절 아무리 공부를 안 하는 학생도 시험을 며칠 앞두고서는 '공부를 하겠다'고 마음먹는다. 체중계 숫자가 눈에 띄게 늘어난 걸 확인하는 순간 '살을 빼겠다'고 마음먹고, 일을 할 때에도 '언제까지 이만큼 끝내야겠다'고 결심한다.

이렇듯 우리는 매 순간 무수히 마음을 먹는다. 내가 나한테

던지는 일종의 선언이자 약속이다. 그런데 이상하게도 돈에 관해서만큼은 '부자가 되겠다', '돈을 모으겠다' 하고 마음먹지 않는다. 돈을 갖길 그토록 바라면서도 말이다.

고객 중에 오로지 '마음을 먹었기'에 돈을 모을 수 있었다고 말하는 이가 있다. 첫 월급을 받을 때 그는 딱 한 가지를 마음먹었다고 한다. 앞으로 5년만 거지로 산다는 것. 그가 그런 결심을 하게 된 건 군대에서였다.

"같이 입대한 군 동기가 전역을 앞두고 제게 통장 하나를 보여주더군요. 통장엔 100만 원이 들어있었어요. 군대에서 받은 몇 푼 안 되는 월급과 보너스를 고스란히 모았던 겁니다. 똑같은 조건에서 똑같이 살았는데 저는 빈손이고 친구는 100만 원이란 돈을 만들었던 거죠. 순간 머리를 얻어맞은 기분이었어요. 그러곤 깊이 깨달았습니다. 남들보다 빨리 부자가 되려면 '없는 돈을 만들어야 한다'는 것이었죠."

그는 자신의 깨달음을 곧바로 실천했다. 5년간 거지로 살자고 결심하고는 100원짜리 동전 하나도 허투루 쓰지 않는 구두쇠가 되었다. 5년간 거지로 살겠다고 마음먹으며 목표로 세운 금액은 1억 원. 그동안 가장 크게 돈을 쓴 건 중고 자전거 한 대를 구입했을 때뿐이었다. 그것도 출퇴근에 들어가는 교통비가 아까워서였다. 초특급 자린고비의 삶을 지속한 지 5년차에 들

어섰고, 그는 애초 계획보다 몇 달 더 빨리 1억의 벽을 돌파할
수 있었다.

1억을 모으는 기간은 '생각하는 투자자'가 되는 과정

그는 실제로 0원에서 시작해 1억 원을 만들었다. 그렇다면 수
익률이 얼마나 되는 걸까? 자그마치 1억 퍼센트다. 그런데 이
이야기는 수익률 1억 퍼센트를 달성한 게 전부가 아니다.

"교통비를 아껴보려고 자전거를 샀는데, 막상 자전거로 출퇴
근을 하려니 자전거 도로가 군데군데 끊어져 있어 포기했어요.
쓴 돈이 아까워 주말에 자전거를 타고 도서관에 다녔습니다. 그
러면서 책을 엄청 읽게 됐죠. 바로 그때부터 인생의 방향이 확
달라졌습니다."

무조건 1억을 모은다는 목표는 1억을 모으되 생각하는 투자
자가 된다는 쪽으로 발전했다. 좋은 투자지침서를 탐독하는 것
은 물론 자신을 돌아보게 하는 인문서적도 열심히 찾아 읽었
다. 그러다 보니 '1억'이라는 화두가 '1억 그 후'로 확장되었
다. 1억까지는 단순 무식한 방법으로 모을 수 있지만, 그 이후
에도 계속 돈을 모으려면 통찰 있는 지식과 경제적 안목이 따

라야 한다는 것도 알게 되었다. 생각이 거기에 미치자 인내의 삶이 더 이상 고통스럽지 않고 오히려 즐거워졌다. 현재 겪는 고통의 시간을 미래를 위해 투자하는 몰입과 즐거움의 시간으로 치환했던 것이다.

재테크 입문자에게 나는 그 지인의 사례를 들어 수익률 1억 퍼센트에 도전해보라고 조언한다. 돈에 대해 아는 것이 없을수록, 또 실패한 경험이 많을수록 오로지 자신의 힘으로 없는 돈을 만들어보라고 말해준다. 중요한 건 수익률 1억 퍼센트를 단순한 '사건'으로 받아들여선 안 된다는 사실이다. 1억 퍼센트의 수익률에 이르기까지 어떤 변화와 배움을 얻었는지가 중요하다.

부자는 사건이 아니라 과정에 의해 만들어진다. 부를 얻는 것은 하나의 사건이 아니라 일련의 과정이다. 하지만 보통 사람들은 과정을 무시한 채 사건 자체만 보려고 든다. 그러나 부자를 만드는 것은 과정이며, 우리가 익히 보고 들은 특별한 사건들은 과정의 결과일 뿐이다.

1억 퍼센트의 수익률이 갖는 의미는 바로 그 과정에 있다. 그 과정에서의 깨달음을 얻는 순간 우리 손에 주어지는 1억은 평범한 1억이 아닌 위대한 1억이 된다. 그저 악착같이 수만 세며 모은 1억은 평범한 돈이지만, 공부와 생각이 병행된 1억은 위대한 1억이 된다.

　일체유심조라는 말의 의미를 되새기면서 위대한 1억을 만들어보겠노라고 마음먹어보자. 액수는 중요하지 않다. 이루겠다고 결심하는 그 마음이 중요하다.

소득이
늘면
돈 걱정이
줄어들까

돈 문제는 '돈이 없어서' 생기는 게 아니다

'만약 100억 원짜리 복권에 당첨된다면….'

평소 복권 따위엔 관심이 없는 사람이라도 한 번쯤 이런 상상을 해본 적은 있을 것이다. 골치 아픈 직장을 때려치우고 세계 일주를 떠나거나, 서울 시내에 번듯한 건물을 사는 '조물주 위 건물주'가 되는 꿈같은 일이 머릿속에 떠오른다. 그간 어깨를 짓누르던 골치 아픈 문제들이 일순간 해결되는 건 물론, 세상 부러울 게 없는 삶이 펼쳐질 것 같은 기대감과 함께.

그런데 실제로 복권에 당첨되거나 거액의 유산을 물려받는 등 예치기 않게 큰돈을 얻게 된 사람이 일순간에 빈털터리로 길거리에 나앉거나 사기죄로 감옥에 가게 되었다는 이야기가 종종 우리 귀에 들린다. '정신이 나간 사람이나 그렇지, 나라면 절대 안 그래'라고 생각하겠지만, 그건 겪기 전에는 모를 일이다.

돈을 버는 능력과 돈을 유지·관리하는 능력은 완전히 별개 문제다. 이 점을 정확하게 이해하지 못하면 풍요로움의 기준을 '수입'과 '연봉'으로만 판단하게 된다. 수입이 늘면 모든 문제가 해결될 거라 착각하며 내 손에 얼마가 있느냐만 골몰하게 되는 것이다. 하지만 돈이 아무리 많아도 돈을 계속 유지·관리하고 키우는 능력이 없으면 오히려 돈 때문에 화를 입게 된다.

내 고객 중에도 젊었을 때 돈 때문에 고생한 사람이 있다. 첫 직장의 연봉은 하잘것없었지만 탁월한 능력을 바탕으로 승진과 이직을 거듭해 고액 연봉자가 되었다. 그런데 이상하게도 월급이 오를수록 예기치 않은 금전 문제가 생기더니, 어느 순간에는 부모님께 손을 벌려야 할 지경에 이르고 말았다.

"돈 문제는 '돈이 없어서' 생기는 게 아닙니다. 돈이 없을 때는 단순히 먹고 사는 문제가 고민이었는데, 수입이 느니 단순하던 소비습관이 복잡해지면서 생각지도 않던 문제들이 생기더라고요. 세금 문제는 또 얼마나 골치 아프던지…. 없을 땐 없어서 문제고 있을 땐 있어서 문제인 게 돈이라는 걸 뼈아프게 깨달았습니다."

바닥까지 떨어졌을 때 정신을 차려 자신의 문제를 정확히 진단하고 그 문제를 해결하는 방법을 하나씩 모색하다 보니 기본적인 금융지식은 물론 돈이 돌아가는 원리까지 깨치게 되었다는 그는 수십억 자산을 이룬 지금도 하루 한두 시간은 수중의 돈이 잘 운용되고 있는지 점검하고 자산과 관련한 정보를 살핀다고 한다.

돈에 대한 능력이 없으면 돈은 우리 곁에서 도망친다

결국 문제는 돈이 있고 없고가 아니다. 돈이 없으면 갖고 싶은 물건을 쉽게 사지 못하고 여행 한 번 못가는 것이 문제고, 돈을 조금 벌면 이 돈으로 언제 내 집 한 칸 마련할 수 있을지, 가진 돈으로 조금이라도 방법이 없는지가 고민이다. 설혹 원하는 만큼 돈을 많이 벌었더라도 그 돈을 어떻게 유지할지, 어디에 투자하면 손실 없이 수익을 낼 수 있을지를 두고 머리를 싸맨다. 월급쟁이면 월급쟁이인 대로, 자산가면 자산가인 대로 수입에 상관없이 돈 문제를 안고 사는 것이다.

자본주의 사회를 살면서 돈 문제에서 완벽히 해방되는 것은 불가능하다. 중요한 것은 돈이 많고 적음이 아니라 '내가 가진 돈 문제를 어떤 방법으로 해결할 것인가'이다. 아무리 많이 번다고 해도 돈을 계속 가지고 있는 능력을 키우지 못한다면 돈은 계속 우리 곁에서 도망치게 된다.

재미있는 것은 돈과 관련한 문제를 진지하게 고민할수록, 인생과 관련한 문제도 깊이 있게 고찰해보게 된다는 것이다. 인생을 살면서 겪는 많은 문제들이 상당 부분 돈과 관련된 것이기 때문이다. 몇 살에 결혼할지, 이직을 하는 게 맞는지, 아이는 몇명을 낳을지, 꿈을 좇아 창업을 할지 등 인생을 살면서 고비 고비마다 맞게 되는 문제들을 잘 들여다보면 그 기저에는 돈 문제가 숨어 있다. 그래서 돈을 잘 다루는 사람치고 인생을 허투루 사는 사람이 없다.

돈과 관련한 문제는 어차피 평생 안고 가야 할 고민이다. 그러니 돈 걱정으로부터 해방되는 날을 꿈꾸는 대신 끼니 때 맛있는 음식을 골라 먹듯 돈을 친구처럼 대하며 잘 다루자고 생각을 바꿔보자. 돈을 잘 다루게 될수록 우리 일상을 지배하는 크고 작은 문제들도 잘 다루게 될 것이다.

재테크란 자산을 구축할 수 있는 신념과 확신을 확보하는 과정이다.
신념과 확신은 끊임없이 노력하지 않고 얻을 수 없다.
미리부터 자신이 없다고 한숨 쉬지 마라.
부자가 되려면 경제 공부는 선택이 아닌 필수다.
다행히도 우리는 마음만 먹으면 얼마든지 정보를 얻을 수 있는
글로벌 네트워크 시대에 살고 있다.
밥상은 이미 차려져 있으니 수저를 드는 건 당신 몫이다.
지금 이 시간에도 부자들은 돈 문제로 실수하지 않기 위해,
더 가치 있는 부를 얻기 위해 공부하고 있음을 잊지 말자.

돈에 대한
Chapter 2 나만의
원칙을
만들자

돈 공부를
시작하라

재테크를 하려면 경기 흐름을 알아야 한다

재테크 초보자들에게는 한결같은 공통점이 있다. 바로 금융 상품에 목을 맨다는 점이다. 적금이든 주식이나 펀드든 보험이든 좋은 상품 한두 개만 쥐고 있으면 그것이 마치 만병통치약처럼 내 미래를 보장해줄 것이라고 착각한다. 하지만 만병통치약 같은 금융상품은 어디에도 없다. 어제 최고였던 상품이 오늘 아침에는 최악의 상품으로 돌변할 수 있는 것이 재테크의 세계이기 때문이다.

그래서 나는 막연히 부를 이루겠다는 꿈을 꾸는 재테크 초보자들에게 늘 강조한다.

"제발 나무만 보지 말고 숲을 보세요."

눈앞의 작은 이득에만 연연해 정말 알아야 할 큰 경기의 흐름을 외면해서는 안 된다는 의미다. 적어도 재테크를 본격적으로 시작해볼 마음이 있다면 경제, 즉 경기의 흐름에 관심을 가져야 한다. 금융상품이 나무라면 경제 현황은 숲이다. 경기 흐름에 무관심하면서 금융상품이나 단기 이익에만 관심을 두는 것은 나무만 보고 숲은 보지 못하는 것과 다르지 않다. 집이든 주식이든 내가 사면 떨어지고 내가 팔면 오른다고 푸념만 거듭하게 되는 이유는 나무만 본 나머지 숲, 즉 경기의 흐름을 보지 못하기 때문이다.

하지만 내가 이런 이야기를 꺼내면 대부분은 고개를 젓는다. '경제학을 전공한 것도 아닌데'라며 눈살을 찌푸리거나, 세상에 차고 넘치는 게 금융전문가들인데 뭐 하러 고생을 사서 하느냐며 비웃는 이도 있다. 안타깝게도 계속 그런 자세로 머물러 있으면 앞으로 영영 부자가 될 기회를 잡을 수 없다. 기회가 찾아와도 그것이 기회인줄 알아볼 수 없기 때문이다. 경제 상황이 어떻게 돌아가는지, 그에 따른 경기의 흐름이 어떤지 평소에 공부하기는커녕 관심조차 두지 않으니 돈을 벌어들일 기회를 알아볼 혜안이 있을 리 만무하다.

내가 아는 부자들은 자산이 100억이든 1,000억이든 관계없이 전부 돈에 관해 끊임없이 공부한다. 그러다 보니 돈과 관련한 경제 문제는 물론 정치, 시사에도 관심이 높다. 경기 흐름이 사회 변화에 민감하게 반응한다는 사실을 알기 때문에 뉴스와 신문을 탐독한다. 또 돈 문제와 관련해 궁금한 점이 생기면 절대 미루지 않고 그 즉시 알아본다. 스스로 답을 얻지 못하면 금융전문가를 찾거나 관련 기관을 통해 정보를 얻는 등 발품 팔기를 주저하지 않는다.

부자들은 왜 돈 공부를 할까

부자들이 그렇게 신문을 보고 자문을 구하며 공부할 때 우리는 무엇을 할까? 스포츠 중계에 골몰하거나 친구들과 술자리에서 만나 돈 없다는 푸념을 늘어놓거나 나랑 전혀 상관없는 연예인의 가십 기사를 열심히 찾아본다. 주말이면 피곤하다고 소파와 혼연일체가 되어 시간을 죽이고, 월요일 아침이면 월급쟁이 인생에서 벗어날 길이 없을지 한탄하며 회사로 향한다. 출근길 지하철 안에서 휴대전화로 어제 못 본 TV드라마를 보면서도 금리나 환율 변동을 비롯한 각종 경제 관련 뉴스들은 그냥 지나친다.

그렇게 경제나 경기 흐름엔 눈길 한번 주지 않고 살면서, 붓던 적금이 만기가 되면 친구 따라 강남 가듯 나도 따라 주식이나 펀드에 투자를 한다. 피땀 흘려 번 돈을 내놓으면서도 자신이 어디에 투자를 하는지조차 파악하지 못하는 경우가 태반이다. 우연히 때를 잘 만나 저점에서 투자를 했다면 수익을 보겠지만 십중팔구는 손해를 보고는 "내가 무슨 운이 있어서 투자로 돈을 벌겠냐"며 또 다시 신세한탄만 늘어놓는다. 하지만 단언컨대 투자는 절대로 운이 아니다. 만일 당신이 막연히 운이 따르기를 기대하며 어딘가에 투자를 한다면 그건 투자가 아니라 투기다.

"많은 사람들이 투자와 투기를 혼돈해요. 투기는 아무것도 모르고 돈을 집어넣어두고는 눈덩이처럼 불어나기를 마냥 기다리는 겁니다. 예측이 아니라 망상을 하는 거죠. 투자는 단순히 돈을 넣고 기다리는 게 아니에요. 세상을 읽는 행위입니다. 세상을 제대로 읽으려면 그만큼 관심과 노력이 필요하죠. 세상을 제대로 읽을 줄 아는 사람은 결국 부자가 됩니다."

월급쟁이로 살면서 수십억의 자산을 일군 내 고객은 지금도 매일 아침 한 시간 일찍 사무실에 출근해 업무를 시작하기 전까지 경제 이슈를 살피고 자신의 투자처 근황을 점검하고 또 어떻게 하면 지속 가능한 투자를 할 수 있을지 공부한다고 한다. 돈에 대해 공부하면 할수록 돈 공부가 결국 세상 공부라는 생각이 들어 그 시간이 괴롭기는커녕 무척 즐겁고 소중하다고.

재테크란 결국 자산을 구축할 수 있는 신념과 확신을 확보하는 과정이다. 신념과 확신은 끊임없이 공부하고 탐구하는 노력 없이는 얻을 수 없다.

미리부터 자신이 없다고 한숨 쉬지 마라. 부자가 되려면 경제 공부는 선택이 아닌 필수다. 다행히도 우리는 마음만 먹으면 얼마든지 정보를 얻을 수 있는 글로벌 네트워크 시대에 살고 있다. 밥상은 이미 차려져 있으니 수저를 드는 건 당신 몫이다. 지금 이 시간에도 부자들은 돈 문제로 실수하지 않기 위해, 더 가치 있는 부를 얻기 위해 끊임없이 보고 읽고 듣는다는 사실을 잊지 말자.

원칙을 세우면
돈은 저절로
모인다

부자들은 돈 버는 비법이 따로 있을까

부자들은 어떻게 돈을 모을까? 또 모은 돈을 어떻게 투자할까? 대체 어떤 비법이 있길래 큰돈을 벌 수 있었을까?

재테크에 실패를 거듭할수록 부자들의 돈 버는 비결이 궁금해지게 마련이다. 저축을 해보려고 은행을 찾으면 적금상품만 수십 가지, 여윳돈이 생겨 주식투자라도 해볼라치면 증권 시장에 등록된 종목 수만 수천 개에 이른다.

저축부터 지출관리, 목돈 굴리기에 이르기까지 방법은 널렸는데, 무엇이 최선일지 도통 알 수가 없다. 답답한 마음에 부자들의 재테크 노하우를 소개한 책과 강연을 열심히 찾아다니지만 속 시원한 답을 찾기는커녕 그렇지 않아도 복잡한 머리에 숙제만 잔뜩 구겨 넣은 기분이다. 내가 만난 부자들은 저축이든 소비습관이든 투자든, 들으면 허무하리만큼 단순한 방법으로 돈을 번다.

평소 자주 가는 식당을 떠올려보자. 십중팔구 그 식당은 장사가 잘되는 식당일 것이다. 음식이 맛이 있으니 자주 찾을 테고, 그런 식당은 끼니 때엔 줄을 서야 할 만큼 손님이 많게 마련이다. 그렇다면 그 식당의 메뉴가 수십 가지인가? 아닐 것이다. 요식업을 해서 돈을 번 사람들은 대부분 한두 가지 메뉴로 승부를 건다. 이것저것 골라먹을 수 있게 음식 종류가 많아야 돈을 잘 벌 것 같지만, 실상은 그렇지 않다. 잘되는 식당은 특화된 메뉴 하나를 잘 개발해 그것만 고집스럽게 이어간다. 가끔 계절 메뉴가 등장하기는 하지만 그 역시 어디까지나 본 메뉴에 베이스를 둔 서브 메뉴일 뿐이다. 중요한 것은 특화된 자신만의 노하우와 원칙을 끝까지 고수한다는 점이다.

금융전문가로 재테크 전문가나 부자들을 직접 만나며 느낀 점은 '원칙은 있되, 비법은 없다'는 사실이다. '그들은 알고 나는 모르는' 특별한 비법 따윈 없다. 물론 나름의 노하우와 전략은 있다. 그러나 그 역시 끝까지 고수한 '원칙'이 가져다준 지혜일 뿐이다. 굳이 그들에게서 부를 이루는 비법을 찾자면 그것은 그들이 고집스럽게 지키는 '원칙'이다.

살아있는 월스트리트의 전설 워런 버핏은 자신이 잘 아는 종목에만 투자하는 것으로 명성이 높다. 그래서 그는 20세기 말을 뜨겁게 달궜던 IT 열풍이 불었을 때도 한눈을 팔지 않았다. 그의 원칙은 '첫째, 절대 돈을 잃지 않는다. 둘째, 첫 번째 원칙을 끝까지 지킨다'이다.

재미있는 점은 많은 전문가들이 워런 버핏의 성공 요인으로 그가 월스트리트에 살지 않는 점을 꼽았다는 사실이다. 워런 버핏은 세계 금융의 중심지인 월스트리트에서 한참이나 떨어진 네브래스카 주 오마하에 살고 있다. 투자에 성공하려면 월스트리트에 자리 잡는 것이 당연해 보이겠지만, 오히려 그는 온갖 비법과 과장된 정보가 난무한 금융가에서 멀리 떨어져 살면서 자신만의 원칙을 고수할 수 있었다.

자신만의 원칙을 가지는 것이 기본이다

재테크에 있어서 자신만의 원칙을 만들고 지키는 것은 기본 중의 기본이다. 이때 원칙은 비단 돈을 불리는 데만 적용되는 게 아니다.

우리가 익히 아는 명배우 더스틴 호프먼(Dustin Hoffman)과 진 해크먼(Gene Hackman)은 오랜 무명 시절을 함께한 친구다. 진 해크먼이 한 인터뷰에서 호프먼과의 일화를 이야기한 적이 있다.

해크먼은 어느 날 생활비에 쪼달리는 더스틴 호프먼에게 돈을 빌려주었다. 그 후 우연찮게 그의 집을 방문했는데, 부엌 창틀에 놓인 유리병을 보고 깜짝 놀랐다. 창틀에는 일렬로 유리병이 여러 개 세워져 있었는데 그 유리병마다 돈이 들어 있었던 것이다. 각각의 유리병에는 '옷', '책' 등 단어가 쓰인 스티커가 붙어 있었다. 그런데 그중 '식료품'이라고 적힌 유리병에만 돈이 들어 있지 않았다. 왜 돈이 있는데도 빌려달라고 했는지 묻는 진 해크먼에게 더스틴 호프먼은 이렇게 말했다.

"그 돈들은 모두 다른 데 쓸 돈이야. 음식을 사는 데 쓰면 안 돼."

더스틴 호프먼은 뭔가를 사야 할 때 반드시 모아둔 돈만 썼다. 써야 할 데가 있어도 다른 항목의 돈은 단 1달러도 쓰지 않는 소비 원칙을 철저히 지켰다.

그렇다. 저축이든 투자든 소비든 돈과 관련한 모든 행위에는 원칙을 세우고 그 원칙을 따라야 한다. 그런 원칙들이 모여 결국 돈을 버는 나만의 비법이 되기 때문이다. 실제로 내 지인 중 한 명은 월급이든 상여금이든 수입의 절반은 무조건 통장에 넣는다는 원칙을 10년 넘게 지켰다. 간혹 지출을 초과한 달에는 공과금을 미루면서까지 그 원칙을 고수했다고 한다. 자칫 미련해 보이기까지 하는 그 원칙을 고수한 이유는 하나, '원칙을 지킨다'는 원칙을 깨지 않기 위해서다. 체납금을 낼 때는 반성과 오기가 더해져 저축액이 수입의 70퍼센트에 달하기도 했다니, 결과적으로는 원칙의 힘을 톡톡히 본 셈이다.

돈 문제가 어렵게 느껴지거나 재테크에서 늘 실패만 거듭한다면 그것은 정보가 부족해서가 아니라 자신만의 원칙이 없어서다. 원칙이 있으면 정보의 홍수에 빠져 허우적대거나 선택의 기로에서 방황하지 않는다. 고민이 될 때 내가 세운 원칙에 합당한지 여부만 생각하고, 그에 따라 행동하면 되기 때문이다.

하지만 그 원칙은 누군가가 가르쳐줄 수 있는 것이 아니다. 사람마다 성격이 다르듯, 돈을 다루는 원칙도 개인의 성향이나 생활 방식에 따라 달라지기 때문이다. 20년간 경제 현장에서 뛰면서 내가 가진 절대 원칙은, '우두머리를 따라 절벽에서 뛰어내리는 나그네쥐가 되지 말자'는 것이다. 재테크에 있어서 유행 따라 이리저리 내달리는 집단심리만큼 위험한 것이 없기 때문이다.

당신에게는 어떠한 원칙이 있는가? 만일 없다면 이쯤에서 잠시 책을 접고, 돈과 관련해 내게 가장 잘 맞고 끝까지 지킬 수 있는 나만의 원칙을 고민해보는 것은 어떨까. 나그네쥐처럼 생각 없이 내달리다 급기야 가진 돈마저 잃게 되는 실수를 범하기 전에.

재테크는 결국 시간싸움이다

재테크에 벼락치기는 통하지 않는다

한국에서 중고등학교를 다닌 사람이라면 누구나 시험 때 벼락치기로 공부한 기억이 있을 것이다. 평소 미리미리 공부를 해뒀더라면 좋을 텐데, 왜 그런지 시험에 임박해서야 공부할 생각이 들고 예습 복습 틈틈이 안 해둔 것에 대한 후회가 밀물처럼 밀려든다.

결국 허둥대며 공부 잘하는 친구한테 얻은 족보만 겨우 훑고 시험을 치른다. 그런데 웬걸, 믿었던 족보에서는 문제가 거의 안 나오고 급한 마음에 제목만 보고 넘긴 내용들은 기억이 안 나 결국 시험을 망친다. 다음번에는 미리 준비하겠다고 굳게 결심하지만 막상 시험 때가 되면 또다시 벼락치기를 하고 있는 나 자신을 보고 자괴감에 빠진 적이 얼마나 많았나.

우리는 그런 뼈저린 경험을 하고도 사는 데 정말 중요한 재테크에서까지 벼락치기를 하려 든다. 단언컨대, 로또에 당첨되어 대박을 맞은 게 아닌 다음에야 부자는 시간이 만들어준다. 정말 운이 좋아 단박에 부자가 된다 해도 그 부를 유지하려면 역시 시간이 필요하다. 부를 지키려면 부자로서의 삶이 습관화되어야 하는데, 그런 습관 역시 결국 시간이 만들어주기 때문이다.

사실 재테크의 기본이 되는 종잣돈을 만들지 못하는 가장 근본적인 이유도 시간과의 싸움에서 줄곧 지기 때문이다. 종잣돈을 만들 시간을 확보하는 대신, 이런저런 변명을 하며 '소비하는 시간'만 늘리다 보니 목돈을 만들지 못하는 것이다.

반면 부자들은 시간과 복리의 힘을 잘 알고 그것을 이용해 종잣돈을 만든다. 1년짜리 적금이 만기가 되었다고 그 돈을 찾아 쓰고, 또다시 맨손에서 시작하는 어리석은 짓은 하지 않는다(그들은 정말 시간을 돈처럼 아낀다). 우둔하게 돈을 모으고 최대한 절세할 수 있는 상품을 선택한 다음 종잣돈이 되기를 기다린다. 그밖에 시시때때로 필요한 자금은 최대한 지출을 줄여 따로 마련해두고 절대 종잣돈에 손대지 않도록 한다.

그렇게 시간을 아껴 최단기간에 종잣돈을 마련한 다음에는 이것저것 손대지 않고, 평생 공부하며 관리하겠다는 마음으로 미래 가치가 보장된 대상, 내가 가장 잘 알고 지속적으로 관리할 수 있는 대상에 투자한다. 보통 사람들이 벼락치기로 돈을 얻길 바라는 마음에 성급하게 이것저것 손댈 때, 그들은 장 묵히듯 인내하며 내가 가진 돈이 더 큰돈을 불러들이기를 기다린다.

빈자는 시간 싸움에서 매번 진다

주식에서 흔히 일반 투자자, 속칭 개미들이 손해를 본다고들 하는데 개미들이 망하는 가장 큰 이유는 '잦은 매매' 때문이다. 매매를 자주한다는 것은 결국 시간과의 싸움에서 매번 진다는 말이다. 혼자 성찰할 수 있는 시간, 돈이 때를 만나 커지는 시간을 충분히 확보하지 못했기 때문에 그나마 가진 돈을 조각내 결국 0원으로 되돌아가는 것이다. 반면 똑같은 주식이라도 부자들은 시간과의 싸움에서 이기기 때문에 손해 보는 일이 거의 없다. 결코 서두르지 않지만(아니 답답하리만큼 더디지만) 결과적으로는 개미들에 비해 훨씬 더 빨리 돈을 버는 셈이다.

사실 돈을 모으는 데 시간이 필요하다는 사실을 모르는 이는 없다. 문제는, 알고는 있지만 잘 의식하지 못하고 실행에 옮기지 않는다는 데 있다. 귀찮기도 하고 인내와 끈기를 필요로 하니 그보다는 남들의 성공신화나 잔재주, 기발한 테크닉만 찾아 헤맨다. 그러나 그런 것들은 오히려 부를 성취하는 기간만 늦출 뿐이다. 그럴 바에는 차라리 뒷마당에 돈을 묻어두고 아무것도 하지 않는 편이 낫다. 적어도 가진 돈을 몽땅 날리지는 않을 테니 말이다.

다시 한 번 강조하지만 부자들은 한눈팔지 않고 오로지 자신에게 주어진 시간을 잘 활용한 사람들이다. 그들은 누구에게나 똑같이 주어지는 시간을 잘 활용해 부를 구축한다. 이제 스스로에게 물어보자. 당신은 과연 시간과의 싸움에서 이기고 있는가, 아니면 매번 지고 있는가. 후자에 속한다면 이제라도 시간에게 도전장을 내밀자. 그리고 돈과 관련한 판단을 내릴 때 늘 시간을 염두에 두어야 한다는 사실을 가슴에 되새기자.

결국 재테크는 '시간이 돈을 만드는 과정'에서 시작해 '돈이 시간을 앞당기는 여정'으로 완성된다. 최대한 단기간에 종잣돈을 만들어, 그 종잣돈이 더 큰돈을 불러들일 시간을 충분히 확보하는 것. 그것이 부를 빨리 창출하는 가장 좋은 방법이다.

부가가치를
창출하는
부자들의 지출습관

부자는 헛돈을 쓰지 않는다

금융 관련 세미나에 참석했다가 친분이 있는 몇몇 사람들과
회식을 가진 적이 있다. 하나같이 재테크에 일가견이 있는 사람
들이다 보니 자연히 돈 문제가 화젯거리에 올랐는데, 마당발로
유명한 한 친구가 요즘 젊은 부자들 사이에서 유행하는 지출법
칙 하나를 소개해 주었다.

일명 '1-10-30 법칙'이라는 것인데, 여기에서 숫자는 지출
금액에 따라 고민하는 데 들이는 시간을 뜻한다. 즉 1만 원을
쓸 때에는 1시간, 10만 원을 쓸 때에는 10시간, 100만 원을 쓸

때에는 30일간 고민한 뒤 쓸지 말지를 결정하는 것이다.

그 자리에 있던 사람들은 모두 그 법칙을 듣고 고개를 끄덕였다. 일면 단순해 보이지만 여기에는 즉흥적으로 돈을 쓰는 것을 경계한다는 철학이 담겨 있다. 지금은 꼭 써야 할 것 같아도 한 번 더 생각하면 굳이 안 써도 되는 돈일 수도 있고, 또다시 생각하면 그때는 전혀 쓰지 않아도 되는 돈일 수도 있음을 늘 기억하고 실천에 옮기는 것이다. 다시 말해, 이는 단순히 소비를 줄인다는 차원을 넘어서, '진짜 필요한 소비'를 하는지 충분히 고민하는 과정이라 할 수 있다.

쓰기 전에 먼저 생각해본다는 것, 언뜻 쉬워 보이지만 막상 해보면 절대 만만한 일이 아니다. 자급자족하며 살지 않는 이상 우리가 사는 이 세상은 소비 활동 없이는 살 수 없다고 해도 과언이 아니다. 곰곰이 따져보면 씻고 자고 먹는 것은 물론, 당신이 가지고 있는 모든 게 다 소비의 결과로 얻어진 것들이다. 즉 자본주의 사회에서 소비란 결국 살아가는 일련의 행위이고, 소비를 잘하는 건 결국 내 삶을 잘 꾸려간다는 의미다.

그래서 중요한 것이 '현명한 소비'다. 어차피 소비 없이 살아갈 수 없는 세상이니 '안' 쓰는 것이 아니라 '잘' 쓰는 법을 알아야 한다.

앞서 소개한 '1-10-30 법칙'을 거론할 때마다 생각나는 사람이 있다. 부자는 큰돈은 버는 사람이기 전에 헛돈을 쓰지 않는 사람이라고 말하는 그는 돈을 쓸 때마다 이것이 자신에게 어떤 이로움과 가치를 가져다줄지를 충분히 생각한 뒤에 결정한다. 그의 말을 빌면 부가가치를 창출한다는 의미에서 지출이란 곧 '투자'의 다른 이름이라고.

"대부분의 사람들은 시간을 보내는 데 돈을 씁니다. 그런 돈은 그냥 사라지고 마는 돈이지요. 하지만 현명한 사람들은 시간을 버는 데 돈을 씁니다. 그 결과 보통 사람들은 시간과 돈이 늘 부족하고, 현명한 사람들은 시간과 돈이 늘 남습니다. 쓴 만큼 무언가 남겨야 한다고 생각하고 내가 과연 이 돈을 '잘' 쓰고 있는지 한 번 더 고민하다보면 지출이 획기적으로 줄어들어요. 그러면 자연스럽게 시간과 돈이 남습니다."

공부와 사람에 지출하라

지출을 획기적으로 줄이라는 게 수전노가 되라는 뜻은 아니다. 지출이 줄어들면 자연스럽게 자기만의 시간이 만들어진다. 그 시간 동안 자신의 삶에 도움이 되는 부가가치를 창출하라는 말이다. 그렇다면 부가가치를 창출하는 지출은 무엇일까?

보통 사람에게 가장 쉽게 부가가치를 창출할 수 있는 지출은 공부다. 고리타분하게 들릴지 몰라도, 만일 당신이 10만 원이라는 돈을 별로 신을 일도 없는 운동화 한 켤레를 사서 6개월간 신발장에 고이 모셔두는 동안 다른 누군가는 그 돈으로 예닐곱 권의 책을 사서 같은 기간 동안 틈틈이 읽었다면 6개월 뒤에 지출에 대한 인식 특히 가치 있는 소비에 대한 통찰은 확연히 달라져 있을 것이다. 가치가 점점 줄어드는 운동화가 아니라 가치가 점점 커지는(물론 이는 당사자의 자세에 따라 차이가 있기는 하다) 책에 지출하는 사람이 결국 돈도 모은다.

부가가치를 창출하는 또 다른 지출이 있다면 그건 바로 '사람'이다. 무턱대고 사람을 많이 사귀라는 말이 아니다. 나이 들수록 주변에 사람이 줄어든다는 말이 있지만, 쓸데없는 관계 맺기에 골몰하기보다 평소에 내게 지혜와 가르침을 주는 좋은 인맥을 만들어왔다면 그 인맥은 평생 갈 수 있다. 뿐만 아니라 그 인맥이 또 다른 좋은 인연을 만나게 해줄 것이다.

인맥의 중요성을 늘 강조하는 내 고객은 이렇게 말한다.

"친구가 많은 사람은 늘 즐거워 보이죠. 하지만 항상 돈이 부족합니다. 그건 악순환이에요. 돈이 떨어지면 사람들도 순식간에 사라지니까요. 한 번쯤 독하게 마음먹고 정리할 필요가 있습니다. 그렇지 않으면 결국 돈도 잃고 사람도 잃게 돼요."

평생에 걸쳐 늘 새로운 사람을 만날 것 같지만 그건 착각이다. 한번 만들어진 습관 안에서 똑같은 유형의 사람들이 그저 얼굴만 바뀌어 등장할 뿐이다. 재테크에 도움이 되는 사람들을 만나라는 말이 아니다. 주변을 현명한 사람들로 채우면 돈을 다루는 법도 자연히 터득하게 된다. 앞서 말한 바 있지만 현명한 사람들치고 돈을 잘 다루는 법을 모르는 사람은 없기 때문이다.

가만히 보면 무가치한 지출의 대부분을 차지하는 것은 '충동 지출'이다. 그리고 그 충동 지출의 상당수는 남이 하는 걸 안 하면 불안해지는 '군중심리'에서 기인한다. 내 의지와 상관 없이 다른 사람이 술을 마시니 나도 마시고, 다른 사람이 좋은 물건을 사니 나도 따라 사는 것이다. 그러나 대세에 따르는 삶을 사는 자는 결코 소수만이 누리는 부자의 삶을 영위할 수 없다. 당신이 부를 이루겠다는 꿈을 가졌다면 지금이라도 남이 안 하는 지출, 다시 말해 '부가가치'를 일으키는 지출을 실천에 옮겨야 한다.

어제의 내가 오늘의 나를 만들고, 오늘의 내가 내일의 나를 결정하는 법이다. 오늘 당신이 지출의 혁명을 일으킨다면 내일의 당신은 아마도 부자에 이르는 길에 한발자국 가까이 다가서 있을 것이다.

군중심리와 튤립 파동

군중심리는 19세기 프랑스의 사회학자 귀스타브 르 봉(Gustave Le Bon) 이 제기한 개념으로 '정보를 가지고 있지 않은 상태에서 오로지 다수의 사람들이 하는 선택을 따라하는 현상'을 가리킨다. 다수가 특정 후보를 지지한다는 사실을 유포해 사람들로 하여금 그 후보를 선택하게 만들거 나 홈쇼핑 방송에서 '매진 임박', '주문 폭주'를 외쳐 필요하지 않은 물건 을 구입하게 하는 것도 일종의 군중심리를 이용한 것이다.

튤립 투기 열풍
17세기 초 유럽을 뒤흔든 튤립 파동은 군중심리의 대표적인 사례로 손 꼽힌다.
네덜란드에서 처음 수입된 튤립의 아름다움에 빠진 유럽의 귀족들은 비 싼 값을 주고서라도 진귀한 품종을 구하려고 애썼다. 튤립이 수요가 확 실한 투자처로 각광받자 튤립 매매가 성행했고, 거기에다 투기까지 번 지니 튤립 가격이 하늘 높은 줄 모르고 치솟았다. 가격이 오르기 때문에 사고, 사니 또 가격이 올랐다. 대부분의 사람들이 튤립이 지닌 본질적인 가치는 고려하지 않은 것이다.
자연스럽게 튤립을 직접 인도하지 않고 거래하는 제도도 생겨났고, 신 용거래제도까지 도입되었다. 튤립의 가치가 금보다 높아지자 사람들은 튤립을 팔아서 집을 샀고 토지, 값비싼 보석도 가질 수 있었다.

튤립 가격의 폭락

그러다 마치 한순간의 꿈처럼 튤립 가격이 폭락하는 일이 벌어졌다. 튤립을 키우는 어느 집에 나그네가 머무르게 되었는데 튤립 뿌리를 양파로 착각하고 먹어버리는 사건이 발생한 것이다. 애지중지 키우던 튤립이 한순간에 사라지자 화가 난 집주인이 나그네에게 튤립 값을 변상하라며 소송을 제기했다. 그러나 재판관은 튤립의 재산 가치를 인정할 수 없다는 취지의 판결을 내렸다. 이 재판에 주목했던 사람들이 판결이 나오자마자 튤립 투매에 나서 8,000달러까지 치솟았던 튤립 가격이 85달러까지 추락했다.

튤립 파동은 군중심리의 극단적인 쏠림 현상을 보여주는 사례로, '남이 하니까 나도 덩달아 따라 하는' 군중심리가 얼마나 큰 비극을 불러올 수 있는지를 극명하게 보여준다. 주식투자자들 중에는 다수의 사람들이 어떤 주식에 투자하고 있는지만 고려해 투자하는 사람들이 많다. 투자할 때 군중심리를 아는 게 중요한 이유이다.

다이어트 하듯 재테크의 시작을 주위에 알려라

돈에 대해 솔직해지자

만일 당신이 출근길에 급하게 횡단보도를 건너다 넘어졌다고 치자. 서둘러 일어나려고 했으나 발목을 삐었는지 꼼짝달싹할 수가 없다. 어떻게 해야 할까? 일단 무조건 주변 사람들에게 도와달라고 외쳐야 한다. 기어서라도 혼자 인도에 올라가려고 발버둥치다간 더 큰 화를 입을 수도 있다. 재테크도 이와 다를 바 없다.

재테크는 무엇보다 자신의 의지와 실천이 따라야 하지만, 주변의 도움과 배려 없이는 성공하기가 어렵다. 돈을 벌고 쓰는 행위는 상당 부분 타인과 밀접한 관련이 있기 때문이다. 하지만 이상하게도 한국 사람들은 돈과 관련한 문제를 입에 올리기 꺼려 한다. 땀 흘려 일한 만큼 정당하게 임금을 요구하는 것, 또 힘들게 번 돈이니 누가 좀 빌려달라고 하더라도 단호히 거절하는 것, 종잣돈을 모아야 하니 쓸데없는 모임에는 참석하지 않겠다고 선언하는 것. 정말 재테크를 염두에 두고 있다면 이 모든 것들을 불편하게 생각해선 안 된다.

근검절약해 돈을 모으고, 수익을 내기 위해 투자하는 일은 결코 부끄럽거나 감춰야 할 일이 아니다. 남에게 말하지 못할 이유가 어디에도 없다. 부자들은 당당히 말한다. 나는 돈을 모아야 하고, 그러기 위해 최대한 아끼면서 살 거라고.

더 큰 문제는 돈에 대해 말하지 않는 것으로 끝나는 것이 아니라, 돈 문제에 대해 솔직하지 않다는 것이다. 돈이 있어도 있다고 말하지 않고 없어도 없다고 말하지 않는다. 그러다 보니 본인이 원하지 않는 비용이 자꾸만 생긴다. 돈이 없다고 터놓고 말을 못하니, 친구 따라 쇼핑에 나섰다가 쓸데없이 가방을 산다. 오랜만에 동창 모임에 갔는데, 매달 회비를 내야 하는 줄 뒤늦게 알았다. 이때도 내가 돈을 모으는 중이어서 여윳돈이 없다고 말하지 못하니 울며 겨자 먹기로 지갑을 연다. 품위 유지비라며 자위하지만 정말 그 돈이 당신의 품위를 유지하는 데 도

움이 되던가? 절대 아니다. 그저 남의 눈에 내가 좀 있어 보이고
싶은 자존심에 위안만 줄 뿐이다.

부자가 되겠다고 커밍아웃하라

재테크에는 어쩔 수 없이 스트레스가 따르게 마련이다(세상
에 거저 얻을 수 있는 건 없다). 스스로를 통제하고 소비습관을 콘
트롤하는 게 마냥 즐거울 수는 없는 노릇이다. 이런 스트레스
상황을 최대한 줄이고 싶다면 먼저 주변에 이제부터 나는 제대
로 된 재테크를 해보겠노라고 알려야 한다. 마치 다이어트를 할
때 주변에 선언부터 하듯 말이다.

구차하게 그렇게까지 해야 하느냐고? 해보고 나면 왜 한시라
도 빨리 재테크 결심을 선언하지 않았는지 후회하게 될 것이다.

"친구들과의 술자리에서 이제부터 돈을 모아야겠으니 당분
간 술을 마시지 않겠다고 말했어요. 그런데 한 친구가 제 월급
통장을 묻더라고요. 통장에 그냥 돈을 넣어두느니 CMA 통장에
넣어놓고 한 푼이라도 금리를 챙기라더군요. 알고 보니 그 친구
도 재테크에 관심이 많더라고요. 나중에 그 친구에게 보험이랑
연금저축에 대한 정보도 얻을 수 있었습니다."

돈에 대한 나만의 원칙을 만들자

고객을 상담하면서 들은 이야기다.

잠자는 아이를 깨우지 않는 것처럼, 그 누구도 재테크에 관심이 없고 다른 일에 골몰하는 사람에게 굳이 돈을 벌 수 있는 방법을 가르쳐주지 않는다.

비단 남들에게 조언을 얻으라는 말이 아니다. 그것은 재테크에 대해 주변에 공표했을 때 부수적으로 얻어지는 것일 뿐, 정말 중요한 것은 다름 아닌 '말의 힘'이다.

미국 네바다대학교 심리학과 교수 스티븐 헤이스(Steven Hayes)는 학생들을 대상으로 재미있는 실험을 했다. 학생들을 세 그룹으로 나누고 첫 번째 그룹에게는 받고 싶은 성적을 급우들에게 이야기하고 다니게 하고, 두 번째 그룹에게는 마음속으로 생각만 하도록 하고, 세 번째 그룹에게는 생각도 발설도 하지 않도록 했다. 학기 말이 되었을 때 학생들의 성적을 비교해본 결과 두 번째와 세 번째 그룹의 성적은 지난 학기에 비해 큰 차이가 없었으나, 받고 싶은 성적을 이야기하고 다닌 첫 번째 그룹의 성적은 눈에 띄게 향상되었다.

실험자인 헤이스 교수는 말이 생각과 행동에 영향을 준 결과라고 분석했다. 자신이 원하는 성적을 말하고 다닌 학생들은 자신이 한 말에 책임의식을 느껴, 부지불식간에 성적을 올리는 생활습관을 구축해나갔을 것이다.

2016년 리우데자네이루 올림픽 남자 펜싱 에페 개인 결승전에서 금메달을 획득한 박상영 선수도 있지 않은가. 9대 13으로 밀리고 있던 절망적인 상황에서 박상영 선수는 "할 수 있다"는 주문을 끝없이 되뇌었다. 가망성 없어 보이던 순간, 그의 "할 수 있다"라는 그 한마디는 폭풍 같은 공격으로 이어졌고 마침내 역전에 성공해 금메달을 목에 걸 수 있었다.

막연하게 마음만 먹는다고 하루아침에 재테크의 달인이 될 수는 없다. 부자가 되려면 먼저 부자가 되겠다고 커밍아웃을 해야 한다. 커밍아웃을 해야 마음의 고삐가 바짝 당겨지고 지금 당장 무엇을 해야 하는지 구체적인 전략도 세워진다. 주변의 응원과 협조는 덤으로 얻게 된다. 나 혼자만의 생각으로는 어느 순간 열정도 사라지고 방향도 잃어버리게 된다.

일단 알려라. 간혹 비웃는 사람을 만나게 되더라도 무시하라. 그는 재테크를 하겠다고 마음 먹어본 적도 없는 사람이 분명할 테니 말이다. 당신의 선언을 비웃는 그 사람은 죽었다 깨어나도 부자가 되지 못한다.

돈이 모이는 구조를 만들려면 하루빨리 종잣돈을 마련해야 한다.
그러나 이때 목표액 자체가 핵심이 되어서는 안 된다.
종잣돈 마련은 좋은 재테크 습관을 구축하기 위한 훈련이라는
생각으로 꾸준히 실천할 것을 염두에 두어야 한다.
크지 않은 액수라도 꾸준히 즐겁게 모을 수 있다면
그로 인한 성취감은 곧 자신감으로 이어진다.
먼저 저축을 얼마나 재미있게, 오래 할 수 있을지 고민하자.
그렇게 해서 돈을 모으는 선순환이 계속된다면
애쓰지 않아도 자연스럽게 저축률이 높아질 것이다.

Chapter 3

돈이
모이는
구조 만들기

가계부는 돈의 지도

모으는 것보다 아끼는 것이 먼저

흔히 재테크라고 하면 '돈을 모아 불리는 것'이라고 생각한다. 그러나 부자들의 생각은 조금 다르다. 부자들은 재테크를 두고 돈을 모으고 불리기보다 돈을 아끼는 것이 먼저라고 힘주어 말한다. 즉 저축이나 투자보다 절약이 훨씬 더 중요하다는 것이다. 절약의 중요성, 이는 사실 돈 많은 부자보다는 평범한 소시민에게 특히 중요하다. 더욱이 현실적으로 수입을 획기적으로 늘리기 어려운 직장인이라면, 얼마나 절약할 수 있느냐가 재테크의 성공을 좌우한다고 해도 과언이 아니다.

당연한 이야기지만 돈을 모으려면 소득이 지출보다 커야 한다. 그 차이가 곧 향후 모든 투자의 원천이 되며, 소득과 지출 차가 클수록 돈이 빨리 모인다. 반대로 소득보다 지출이 크다면 아무리 훌륭한 투자 대상이 있더라도 일단 돈을 모으기가 어렵고, 다행히 투자했다 하더라도 단기간에 포기할 가능성이 높다.

그러나 생각보다 많은 사람들이 재테크의 가장 기본인 소득과 지출 개념을 바로 세우지 못하고 있다. 지금 자신의 지갑 안에 얼마가 있는지 정확히 아는가? 통장의 잔액이 얼마인지, 이번 달 카드 사용액이 얼마인지 기억하는가? 이처럼 돈을 많이 갖고 싶어 하면서도, 정작 현재 내게 돈이 얼마나 있는지조차 제대로 모르는 게 우리 모습이다. 내가 쓸 수 있는(아니 쓸 수 있다고 생각하는) 돈이 진짜 내 돈이 아닌 경우도 태반이다(신용카드 한도는 결코 내 돈이 아니다). 재테크를 시작하기에 앞서 돈을 대하는 내 태도를 점검해볼 필요가 있다.

수익률 10퍼센트보다 10퍼센트 절약이 더 쉽다

먼저 질문 하나만 하겠다. 한 달에 1만 원 덜 쓰는 것과 1퍼센트 높은 금리 상품을 찾는 것 중 어느 쪽이 더 쉬울까? 당연히

1만 원 덜 쓰는 쪽이다. 그럼 매달 1만 원 덜 쓰는 것과 1퍼센트 금리가 높은 상품에 투자하는 것 중 어느 쪽이 재테크 효과가 더 클까? 놀랍게도 이 역시 1만 원을 덜 쓰는 쪽이다.

한 달에 1만 원씩 덜 쓰면 1년에 12만 원을 모을 수 있다. 이 돈은 월 50만 원씩 연이율 3.75퍼센트인 적금에 1년간 넣는다고 가정했을 때 받을 수 있는 이자다. 실제로 요즘 금리는 높아 봐야 1.5퍼센트 수준이다. 월 50만 원을 연이율 1.5퍼센트인 적금에 1년 동안 붓는다면 이자가 얼마나 될까? 세금 15.4퍼센트(이자소득세 14퍼센트+주민세 1.4퍼센트)를 차감하면 약 4만 1,000원 정도 된다. 만일 이율이 1퍼센트 더 높은 2.5퍼센트짜리 상품에 1년간 저축한다면 어떨까? 이때 받을 수 있는 이자 소득은 세후 약 6만 8,000원이다. 1퍼센트 금리 차이가 주는 혜택이 연간 2만 7,000원가량인 셈이다. 한 달에 1만 원을 절약했을 때 12만 원을 얻을 수 있는 것과 비교하면 턱없이 적은 금액이다.

누차 강조하지만 요새 같은 저금리시대에는 수익률 10퍼센트 올리는 것보다 10퍼센트 절약하는 것이 몇 배 더 쉽다. 부자들이 재테크를 두고 더 모으는 것보다 덜 쓰는 것을 더 중요하게 생각하는 것도 그래서다. 수익률을 높이기보다 현재 내 지출에서 추가로 줄일 수 있는 항목을 찾아 돈을 더 모으는 편이 훨씬 쉽다는 것이다.

돈의 지도를 그려라

그래서 나는 재테크 초보자들에게 종종 가계부부터 먼저 쓰라고 말한다. 매일 기록하기 어렵다면 일주일에 한 번 그 주의 지출 내역을 확인해보는 것만으로도 효과가 있다. 그렇게 한 달 정도 체크하다 보면 '내가 이렇게 불필요한 데 돈을 많이 썼나?'하며 놀라게 될 것이다. 10평짜리 작은 식당으로 시작해 분점을 세 곳이나 둘 만큼 요식업계에서 이름난 한 부자는 자신의 성공 비결이 30년간 빠짐없이 써온 가계부라고 말했다.

"가계부를 단순히 입출금을 기록하는 장부로 여겨선 안 돼요. 가계부는 돈의 성적표예요. 가계부만 들여다봐도 이 사람이 돈을 모을 사람인지, 평생 가난에 허덕일 사람인지 단박에 알 수 있습니다."

먼저 내 지출 패턴을 정확히 파악해보자. 그중 불필요한 지출을 추린 후 지출횟수를 줄이거나 총액을 줄이는 등 다음 달에 들어갈 지출 예산을 산정해보는 것이다. 터무니없는 목표를 세우면 중도에 포기할 가능성이 높으므로 내 욕구를 적당히 다스릴 수 있는 한도 내에서 목표를 정한 뒤 실제로 실행에 옮기면서 목표지출액을 조금씩 낮춰가면 된다.

재테크 전문가들은 가계부를 쓰는 목적이 '지출관리를 꾸준히 해 현명한 소비 생활을 하고, 수입과 지출의 차이를 극대화 하는 것'이라고 말한다. 여기에 덧붙여, 나는 가계부를 현재의 내가 어디에 있는지를 보여주는 '돈의 지도'라 말하고 싶다. 여행을 갈 때 우리는 내가 가야 할 곳, 그리고 현재 위치를 확인하기 위해 지도가 필요하다. 지도는 여행할 때만 필요한 게 아니다. 돈의 지도를 보고 내가 지금 어디쯤 있는지, 앞으로 어떻게 가야 할지를 예측하고 점검할 필요가 있다. 가계부를 쓰지 않으면 내 돈의 이력을 알 길이 없다. 돈의 이력을 모른다는 것은 결국 어디에 썼는지 돈의 출처를 모른다는 뜻이다. 내 돈의 출처조차 모르는데 무슨 돈을 어떻게 모은다는 말인가.

처음에는 어려울 수 있다. 하지만 의지보다 강한 것이 습관이다. 한 달, 두 달, 1분기, 6개월, 이렇게 기간을 늘려가다 보면 어느덧 예산 안에서 생활하는 습관에 적응하게 되고, 지출을 완벽히 통제하는 놀라운 경험을 하게 될 것이다.

지금부터라도 당신만의 돈의 지도를 만들어보자. 그 지도는 앞으로 계속될 재테크의 여정에서 좋은 이정표 역할을 해줄 것임이 틀림없다. 평생 가난에서 허덕일 사람의 것이었던 당신의 가계부가 어느덧 부자가 될 사람의 가계부로 바뀌게 되리라는 것은 두말할 필요도 없다.

자산관리를 위한 가계부 작성법

평소에 쓸데없는 소비를 하지 않는 것 같은데도 돈이 잘 모이지 않는다면, 가계부를 작성해보라고 권하고 싶다. 어렵게 생각하지 말자. 하루하루 써나가다 보면 요령도 생기고, 지출습관이 바로잡히는 데서 오는 재미도 느낄 수 있다. 재테크 초보자를 위한 가계부 작성 요령은 다음과 같다.

첫째, 예산부터 정하자

처음 가계부를 쓸 때 흔히 저지르는 실수 중 하나가 무조건 '지출'만 적는 것이다. 그러나 가계부를 쓰는 목적은 지출을 기록하는 게 아니라, 예산에 맞게 돈을 썼는지 점검하는 것이다. 일주일 혹은 보름이나 한 달 단위로 예산을 정해두고 지출 내역을 기록한 다음, 정해둔 기간에 이르면 결산하는 습관을 들이는 것이 좋다. 주 1회 결산이 무난한데, 지출이 과한 주라면 무엇이 문제인지 지출 내역을 꼼꼼히 확인해보고 그다음 일주일간 같은 실수를 반복하지 않도록 주의하자.

둘째, 매일 써야 한다는 강박을 버리자

가계부를 마치 초등학교 시절 일기를 쓰듯 숙제처럼 생각하는 사람들이 많다. 물론 지출 내역을 매일 정리하는 습관을 가지면 좋겠지만, 처음부터 너무 완벽하게 하려고 들면 금방 지쳐 포기하게 된다. 더구나 잦은 야근과 회식 등으로 늦게 귀가하는 직장인의 경우 매일 꾸준히 가계부를 작성하는 것은 결코 쉬운 일이 아니다. 매일 쓰기 힘들다면 2~3일에 한 번만 써도 된다. 기록이 익숙하지 않은 사람은 출금 내역이 자동으로 저장되는 가계부 어플을 활용해보도록 하자.

셋째, 가계부를 '결심 일기'로 활용하자

가계부 작성으로 제대로 된 소비습관을 만들고 싶다면 지출 내역뿐 아니라 구체적인 절약 목표와 그에 따른 실행 계획도 함께 적어보자. 하루에 커피를 두 잔 이상 마시는 사람이라면 '커피는 하루 한 번 마시기' 식으로 목표를 정하고 실천에 옮기는 것이다. 일상에서 실천할 수 있는 쉬운 것부터 하나씩 실행해나가다 보면 성취감은 물론 가계부 쓰는 재미도 높일 수 있다.

넷째, 영수증 챙기는 습관을 들이자

카드로 값을 치를 경우 사용 내역을 확인할 수 있기 때문에 며칠 지나서도 지출 사항을 찾아 기록할 수 있지만 현금 지출의 경우 영수증이 없으면 어디에 얼마만큼 지출했는지 기억하기가 쉽지 않다. 꾸준히 가계부를 작성하려면 평소 결제 후에 영수증을 챙기는 습관을 들이는 것이 좋다. 영수증 보관용 지갑을 따로 마련하는 것도 요령이다.

다섯째, 지출의 5~10퍼센트는 무조건 줄이자

지출 내역을 쭉 살펴보면 줄일 수 있는 항목들이 분명히 눈에 띌 것이다. 지출에 우선순위를 매기면 쉽게 알 수 있는데, 대략 다음과 같은 방법으로 정리하면 된다.

① 꼭 필요한 곳에 쓴 지출

② 우선 지출 항목은 아니지만 어쩔 수 없는 지출

③ 쓰지 않을 수 있었던 지출

③을 찾아내서 매달 생활비(용돈 포함)를 무조건 5~10퍼센트 줄이는 것을 목표로 삼고 실천에 옮겨보자. 몇 달 지나 ③에서 더 이상 줄일 수 없다고 판단되면 그다음으로 ②의 항목에서 지출을 줄여나간다면 최소 30퍼센트의 지출을 줄일 수 있다.

나는
왜 돈을
모으려고 하는가

얼마나 있어야 부자라고 할 수 있나

국어사전에 등재된 부자의 정의는 '재물이 많아 살림이 넉넉한 사람'이다. 참 애매하다. 재물이 많다는 게 대체 얼마나 많다는 건지, 넉넉한 살림은 또 어느 정도 형편을 말하는 건지 당최 알 수가 없다. 유사어로 '백만장자'가 있는데, 백만장자가 순자산이나 부가 100만 달러 이상인 사람을 가리킨다니 현재 환율로 자산이 대략 12억 원 이상이면 부자 축에 드는 것일까?(요새는 억만장자라는 말도 흔히 쓰이니 국어사전이 업데이트되어야 하는지도 모르겠다.)

백만장자라는 말의 영향인지 모르지만, 지금으로부터 십수 년 전 직장인들 사이에서 일명 '10억 만들기' 열풍이 크게 유행한 적이 있다. 방송에 출연하는 재테크 전문가들은 너나없이 10억 원 버는 법을 두고 저마다의 전략을 설파했고, 수많은 재테크서에서도 10억 원이라는 단어가 심심찮게 등장했다. 내가 상대했던 고객들 중에도 "돈 걱정 없이 살려면 10억 이상은 있어야 하지 않나요?" 하고 묻는 사람들이 많았다.

왜 하필 목표액이 10억 원일까? 추론해보자면 10억 원이라는 금액에 나름 근거가 있다. 당시 최고 수준의 금리가 5퍼센트 내외였으니, 원금 10억 원을 예금상품에 넣어두면 매달 400만 원가량은 받을 수 있고, 그 정도 수입이면 한 달 사는 데 큰 불편이 없다. 세전 금액이니 실수령액이 더 줄기는 하겠지만, 어찌되었든 10억 원 정도가 있으면 별다른 소득이 없어도 죽을 때까지 돈 걱정은 안 해도 된다는 말이다.

그런데 당시 나는 이런 의문이 들었다. 과연 모든 사람에게 10억 원이 부의 기준일 수 있을까? 10억 원 정도 있으면 누구나 다 부자라고 말할 수 있는 걸까? 그건 아니다. 현실적으로 그보다 더 많은 돈이 있어야 하는 사람도 있고, 그보다 훨씬 적어도 부족함 없이 잘살 수 있는 사람도 있다.

똑같은 10억 원이라 해도 내 명의로 된 집 한 채가 있는 사람과 매달 월세를 내야 하는 사람이 실제 체감하는 필요치는 다를 수밖에 없다. 앞으로 최소 20년은 근로소득을 얻을 가능성이 높은 30대 미혼 직장인과 은퇴를 코앞에 두었는데 결혼시켜야 할 자식이 셋이나 있는 가장에게 10억 원의 크기가 똑같지 않을 것이다. 물가가 비싼 도시에 사는 사람과 생활비를 비롯해 집값도 훨씬 싼 지방에 사는 사람이 필요한 돈이 똑같을 리 없다. 더욱이 물질적 풍요보다 정신적 풍요를 훨씬 더 중요하게 생각하는 사람에게 부의 기준을 천편일률적으로 적용할 수는 없을 것이다.

왜 돈을 모으려고 하는지 생각해보자

10억 원의 가치를 따지자는 게 아니다. 10억 원이든 100억 원이든 당신이 꿈꾸는 부의 목표 혹은 부의 기준이 실제 당신의 삶과 유리된 것이 아닌지 살펴볼 필요가 있다는 말이다. 당신이 필요로 하는 부의 크기가 지나치게 부풀려졌을 수도 있고, 반대로 실제 필요 금액보다 너무 적게 책정되었을 수도 있다.

신문이나 뉴스에서는 여러 경제적 악재를 전하며 불안감을 조성한다. 보험회사나 투자전문업체 등 돈을 끌어모아야 하는 곳에서는 '남보다 많이, 빨리' 모으지 않으면 큰일이라도 날 것처럼 권유를 넘어선 협박을 영업 수단으로 삼는다.

하지만 세상이 정한 기준, 남이 생각하는 기준에 맞춰 부를 이루려고 하면 인생만 고달파질 뿐이다. 나 스스로 정한 기준이 아니니 실천 전략도 모호해질 수밖에 없고, 결국 불필요하게 스스로를 학대하며 세상만 원망하게 된다.

돈을 버는 것도 행복해지기 위해서 아닌가? 돈은 행복의 중요 요소이긴 하지만, 세상 사람들이 생각하는 행복의 기준은 다 다르므로 돈의 가치 역시 사람마다 다를 수밖에 없다. 혹시 당신은 나보다 돈이 더 많은 사람 때문에 불행하다고 생각하는 것은 아닌가? 세상이 정한 부의 기준에 맞춰 사느라 생각 없이 내달리고 있지 않은가?

무조건 돈을 많이 벌 필요는 없다. 중요한 것은 얼마만큼 많은 돈을 가졌느냐가 아니라 내가 느끼는 경제적 안정감이다(앞에서도 말한 바 있지만 돈이 많다고 돈 문제가 사라지는 건 아니다). 경제적 안정감의 기준은 지극히 주관적인 사안이다. 또한 그 기준은 살면서 인생의 목표와 가치관이 조금씩 변하듯 내가 어떤 경험을 하느냐에 따라 달라질 수 있다.

세상 모두에게 맞는 부의 기준은 없다. 남들 버는 만큼 벌어야 할 필요도 없다. 중요한 것은 당신만의 기준이다. 왜 나는 돈을 모으려고 하는지 진지하게 자문해보자. 부를 이루기 위한 여정이 즐거우려면, 돈을 모으려는 구체적인 이유와 그에 따른 당신만의 부의 기준이 분명히 있어야 한다.

힘들이지 않고
저축하는 비결

"대체 월급의 얼마를 저축해야 할까요?"

직장인과의 재테크 상담에서 가장 많이 나오는 질문이다. 한 달간 입출금 내역을 뽑아 와서는 여기에서 몇 퍼센트를 저축하는 게 좋을지 알려달라는 사람도 있었다.

저축액은 당연히 많으면 많을수록 좋다. 하지만 저축 역시 습관이기 때문에, 무턱대고 높은 목표액을 정해버리면 십중팔구 1년도 되지 않아 포기하게 된다(물론 선천적으로 인내심이 탁월해 월급의 절반 이상을 저축하는 사람도 있긴 하다). 저축에서 중요한 건 지속가능성이다.

우리가 어떤 일을 꾸준히 계속하려면 분명한 동기와 함께 그 일을 지속적으로 할 수 있는 흥미 요인이 함께 따라야 한다. 세상 그 어떤 일도 재미가 없으면 꾸준히 해나가기 힘들다. 따라서 저축을 할 때에는 무조건 목표액을 정하기보다 확실한 동기(그 돈을 모아야 하는 단기적 이유)와 중도 포기하지 않도록 이끌어줄 흥미 요인을 함께 모색해야 한다.

지인 중 한 명은 20대 시절 '20:60:20 법칙'을 세웠다고 한다. 수입의 20퍼센트는 저축하고 60퍼센트는 생활비, 나머지 20퍼센트는 자기계발비로 썼다는 것이다. 저축액이 생각보다 적어 다시 물어봤더니 웃으며 이런 이야기를 들려줬다.

"저축액을 너무 높게 잡으면 사는 게 너무 팍팍할 것 같았어요. 가뜩이나 제가 인내심이 부족한 편인데, 스트레스가 쌓이면 얼마 지나지 않아 돈 모으기를 포기할 거라고 직감했죠. 그래서 일단 최소 20퍼센트를 저축액으로 책정한 다음, 생활비에서 저축으로 전환할 수 있는 것들을 생각했어요. 만일 생활비 중 일부를 저축으로 돌리면 그 달은 목표 저축액을 초과하는 거잖아요. 그렇게 생활비 중 일부를 꾸준히 저축할 방법을 궁리하다 보니 재미도 있고 성취감도 커져서 저축에 대한 자신감도 붙더라고요."

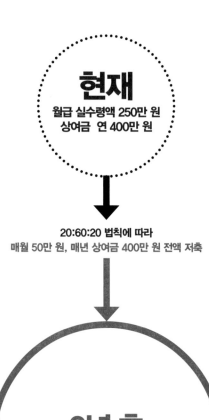

현재
월급 실수령액 250만 원
상여금 연 400만 원

20:60:20 법칙에 따라
매월 50만 원, 매년 상여금 400만 원 전액 저축

3년 후
저축액 3,000만 원
(50만 원×36개월) + (400만 원×3년)

〈20:60:20 법칙〉

그가 처음 떠올린 것은 커피값이었다. 곰곰이 생각해보니 하루에 최소 1만 원을 커피값으로 쓰고 있다는 것을 깨달았고, 그 후 하루 석 잔 이상 마시던 커피를 석 잔에서 두 잔, 두 잔에서 한 잔으로 줄여나갔다(안 쓴 커피값은 현금으로 따로 모았다고 한다). 얼마 지나지 않아 현금으로 모인 커피값은 월 10만 원이 넘어섰고, 여기에 재미가 붙은 그는 곧이어 담뱃값 줄이기에 도전했다.

"무턱대고 담배를 끊으려고 했다면 아마 하지 못했을 거예요. 그런데 매일 핀다고 할 때 일주일이면 3~4만 원은 족히 쓰는 담뱃값만 꾸준히 모아도 웬만한 적금 통장을 만들 수 있겠다는 생각이 들더라고요."

목표액보다 돈을 모으는 구조를 만드는 게 중요하다

그가 강조한 것은 목표액이 얼마인지가 아니라 지속적인 저축을 가능하게 해주는 흥미와 성취감이었다.

최근에 알게 된 한 20대 청년은 소득이 일정하지 않은 탓에 저축을 정기적으로 할 수 없었다. 생각 끝에 한 가지 아이디어를 냈는데, 그것은 매달 일자별로 금액을 늘려 저축하는 것이었다. 날짜에 1,000원을 곱한 금액만큼 저금하는 식인데 매월 1일에 1,000원, 31일에는 3만 1,000원을 저금하는 식이었다. 다만, 말일에 가까워질수록 저축액이 부담스러운 만큼 마지막 주 토요일과 일요일은 저축을 중단했다고. 저축에도 나름 휴가를 준 셈이다. 그 방법으로 한 달에 최소 40만 원을 모을 수 있었다고 한다.

최근 취직을 해 일정한 근로 소득을 얻을 수 있게 되었지만, 그는 여전히 이 저축법을 고수하고 있단다. 달라진 것이 있다면 저축에 휴가를 주던 마지막 주말 이틀을 오히려 저축을 두 배로 하는 날로 정했다고.

돈이 돈을 불러오는 구조를 구축하려면 하루빨리 종잣돈을 마련해야 하는 것이 맞다. 그러나 이때 목표액 자체를 높이는 데 초점을 맞춰서는 안 된다. 종잣돈을 마련하는 과정이 좋은 재테크 습관을 구축하는 훈련이 된다는 생각으로 꾸준히 실천할 것을 염두에 두어야 한다. 비록 크지 않은 액수라도 계속해서 즐겁게 모을 수 있다면 그로 인한 성취감은 곧 자신감으로 이어질 것이다.

먼저 저축을 얼마나 재미있게, 또 오래 할 수 있을지부터 고민하자. 그렇게 해서 돈을 모으는 선순환이 계속된다면 저축률은 애쓰지 않아도 자연스럽게 높아질 것이다.

아리스토텔레스는 이렇게 말했다.

"반복적인 일이 모여서 우리를 만든다. 따라서 탁월함은 업적이 아니라 습관이다."

여유자금은
필요 없다

여유자금은 여유롭게 쓰는 돈?

재테크를 할 때 가장 고민되는 부분 중 하나가 바로 여유자금
에 관한 것이다. 예기치 않은 큰 병에 걸리거나 뜻밖에 상해를
입는 사고 등 불시에 찾아오는 리스크에 대비해야 한다는 것이
이유다. 미래의 불안 요소를 미리 준비하는 것은 일면 계획적으
로 보이지만, 내 생각은 좀 다르다. 여유자금을 생각한다는 것
이 곧 재테크 계획이 느슨하다는 것의 반증이라고 하면 지나친
말일까.

자신의 재테크 사전엔 '절약, 저축, 투자' 밖에 없다고 말하는

한 지인은 사람들이 여유자금을 마련해두려는 것에 대해 이렇게 말한다.

"잘 생각해보면 여유자금이 필요한 상황은 큰돈 들지 않은 보험으로 대부분 해결이 가능합니다. 보험으로 해결할 수 없는 재앙을 당할 확률은 거의 없다고 보는 편이 맞지 않을까요? 직장인들은 고정 수입이 사라지는 실직을 예치기 않은 이변으로 보기도 하는데, 실직을 해도 6개월가량은 고용보험 등으로 버틸 수 있습니다. 이런저런 아르바이트로 생활비를 충당할 수도 있고요. 실직 기간이 그 이상 늘어난다면 원금 보존이고 뭐고 할 것 없이 저축이나 펀드를 깨야 합니다. 이때 미처 예상하지 못한 실직 등의 사고 시기와 저축이나 투자금을 환수했을 때의 막대한 손실 시기가 겹칠 확률이 얼마나 될까요? 그건 절대 계산할 수 없죠. 계산이 불가능한 미래를 대비해 여유자금을 확보한다는 건 극단적으로 말해 어불성설입니다."

그래도 여전히 여유자금을 확보하는 게 중요하다고 생각된다면(여유자금 없이는 일상이 불안하다면) 이런 방법을 추천한다. 또 다른 지인의 말이다.

"연봉을 12분의 1이 아니라 14분의 1로 쪼갭니다. 예를 들어 세후 연봉 2,400만 원을 받는 사람이 있다고 해보죠, 이 연봉을 12분의 1로 나누면 월 수령액이 200만 원입니다. 그런데 14분의 1로 나누면 170만 원 남짓 수령하게 됩니다. 즉 170만 원씩 14번을 받는다고 생각하는 겁니다. 1년 12개월과 설과 추석, 이렇게 14번을 받는 거죠. 설과 추석 때 만들어진 340만 원을 여유자금으로 확보하는 방법입니다."

조삼모사처럼 우스운 방법처럼 보일지 몰라도 막상 실천에 옮기면 상당히 효과적이다. 민족 최대 명절인 설과 추석엔 누구나 지출이 많아질 수밖에 없다. 340만 원이면 큰 지출에 대비하고도 충분히 남을 만한 돈이다. 또한 막상 실행해보면 200만 원으로 한 달을 사는 것이나 170만 원으로 한 달을 사는 것이나 생활수준에는 별 차이가 안 난다. 시작이 어렵게 느껴질 뿐 적응하면 금세 익숙해진다. 이때 중요한 것은 마음의 안정감을 위해 여유자금을 확보하되 절대 필요 이상의 돈을 확보하지 않는다는 것과, 연말이든 연초든 한꺼번에 정산해 저축액으로 돌려놓아야 한다는 점이다.

투자에는 목돈을 소비에는 푼돈을 써라

용도가 확실하지 않고 단지 마음의 불안감을 덜기 위해 확보한 여유자금은 100퍼센트 그냥 지출로 나가는 경우가 대부분이다. 위험이 확실히 보이지 않으면 사람은 여윳돈을 그저 여유롭게 쓰게 되어 있다. 역설적으로 들리겠지만, 내게 생긴 여윳돈을 한 푼이라도 남기려면 저축이나 투자 통장에 넣어두는 게 맞다. 입출금이 자유로운 통장에 여유자금을 넣어둔다는 것은 위험을 대비하려던 원래 목적과 상관없이 언젠가는 그 돈을 꼭 쓰겠다는 말과 같다. 정히 여윳돈을 만들어두겠다면 돈을 찾을 때 직접 금융기관을 방문하는 수고가 따르도록 조치해둘 필요가 있다.

모호한 여윳돈이 당신의 재테크 여정 역시 모호하게 만드는 것은 아닌지 한 번쯤 생각해보자. 투자에는 목돈을 사용하고 소비에는 푼돈을 사용하는 지혜를 모색하는 사람만이 부자의 목표에 빠르게 접근한다는 사실을 잊어선 안 된다. 또한 여유자금을 확보한다는 구실로 돈이 돈을 벌어오게 하는 투자 시스템을 구축할 시기를 놓치고 있는 건 아닌지도 꼭 생각해보기 바란다.

통장 쪼개기로 월급 관리하기

통장을 네 개로 나누어 관리하면 목돈을 쉽게 마련할 수 있다. 이것을 '통장 쪼개기' 또는 '통장 관리 시스템'이라고 하는데 통장을 급여, 소비, 투자, 여유자금으로 나누어 관리하면 내 돈을 어떤 목적으로 얼마만큼 지출했는지, 불필요한 지출을 하지는 않았는지, 얼마를 투자했는지 등을 관찰하기 쉬워진다.

급여 통장

급여를 비롯한 모든 소득을 하나로 합쳐서 관리하는 통장이다. 소득을 한 통장으로 모으면 내 전체 수입이 어느 정도인지 한눈에 파악할 수 있다. 세금이나 관리비, 보험료 같은 고정지출도 이 통장에서 빠져나가도록 하는 게 좋다. 한 달간 총입금액(소득)에서 총출금액(고정지출)을 뺀 금액이 그달의 '가처분소득'인 셈이다. 주거래은행의 통장을 급여 통장으로 이용하면 금리 우대 등의 혜택을 받을 수 있다.

소비 통장

고정지출과 달리 매달 지출액이 다를 수 있는 생활비, 즉 변동지출을 관리하는 통장이다. 일정 금액을 넣어두고 식비, 교통비, 의류비, 사교비 등은 이 통장과 연계된 체크카드를 이용해 지출하면 더 편리하다. 소비 통장을 만들면 매월 일정한 예산 내에서 소비하는 습관을 들일 수 있다. 이런 습관을 들이면 쓸데없는 지출이 줄어드는 효과가 있다.

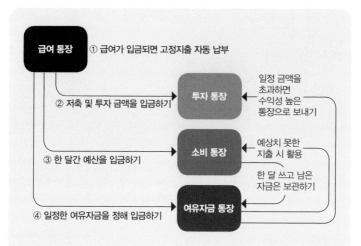

투자 통장

이름 그대로 투자자금을 모아두는 통장이다. 적금이나 펀드에 가입할 경우 이 통장에서 자금을 이체하면 저축과 투자 규모를 파악하는 데 도움이 될 것이다. 또 투자 통장은 목적에 따라 여러 개가 될 수도 있다. 가령 결혼, 내 집 마련 등의 목표를 위한 자금을 일정 비율로 쪼개 운영하는 것이다.

여유자금 통장

예기치 않은 상황에 대비해 비상금을 모아두는 통장이다. 여유자금의 규모는 각자의 상황에 따라 달라지겠지만 언제든 꺼내 쓸 수 있어야 하는 돈이므로 입출금이 자유로우면서도 이자를 조금이라도 더 받을 수 있는 CMA, MMF 등을 활용하도록 하자. 단, 일정 금액을 넘어선 여유자금은 수익성이 보다 높은 투자 통장으로 보낸다.

돈을 모으는
사람들의
생활습관

소비의 유혹에서 자유로워지는 법

요즘 젊은 세대들은 직장을 잡고 생활이 어느 정도 자리 잡히
면 차부터 산다. 아주 오래된 중고차가 아닌 다음에야 차를 장
만하려면 최소한 1,000만 원에서 2,000만 원이 든다. 일한 지
얼마 되지 않았으니 산다 하더라도 결국 할부다. 매달 수십만
원씩 할부금을 상환하는 것도 벅찬데 기름값도 만만치 않다. 그
래서 차를 사고 나면 그 즉시 가난해진다.

소비의 기준은 사람마다 다르기 때문에 다른 사람의 소비를
두고 옳고 그름을 따질 수는 없다. 하지만 그 소비가 내 의지로

정확한 판단 하에 결정한 지출인지, 아니면 '소비의 유혹'을 이기지 못해 생긴 지출인지는 한 번쯤 고민해볼 필요가 있다.

젊은 친구들이 무리를 해서라도 차를 사는 이유는 차가 생겼을 때의 즐거움이 그 어떤 소비보다 즉각적이고 크기 때문이다. 일단 구입 즉시 폼이 난다. 출퇴근은 물론, 하다못해 데이트를 할 때에도 편하다. 여자친구를 지하철이나 버스로 데려다주는 것보다는 차로 집 앞까지 데려다주는 게 모양새도 훨씬 그럴듯하다. 그러나 그뿐이다. 또한 어쩔 수 없는 2차 소비(유지비나 보험료 등)까지 이어져 지출관리를 어렵게 한다.

하지만 자본주의 사회를 사는 이상 '소비의 유혹'으로부터 자유로울 수는 없다. 그래서 부자들은 이 유혹에서 야기되는 내적 갈등을 애초에 차단시켜줄 원칙을 세운다. 예기치 않은 지출을 막아줄 일종의 보호막이라고 보면 된다.

사고 싶은 것은 돈을 모아서 사라 – 페이고 원칙

'페이고(Pay-go)'라는 말이 있다. 'Pay as you go(번 만큼 쓴다)'의 줄인 말로, 정부가 어떤 정책을 새로 추진할 때, 나라 살림이 마이너스가 되지 않도록 정해진 예산 안에서 다른 비용을 절감해 재정을 확보하는 것을 뜻한다.

그런데 가만히 보면 내가 아는 부자 중 상당수가 이 페이고 원칙을 지키고 있다. 그들은 사고 싶은 것이 생기면 돈을 모아서 산다. 절대 정해진 예산을 초과하는 법이 없다. 한도 내에서 계획적으로 돈을 모아 구매하는 것이다(돈이 모이지 않으면 결코 사지 않는다).

100억대 자산을 지닌 한 고객은 지금도 차 한 번 바꾸려고 2~3년에 걸쳐 돈을 모은다고 한다. 차를 사기 위해 평소보다 돈을 더 쓰는 게 아니라, 정해진 생활비와 용돈 안에서 차곡차곡 돈을 모아 차를 구입한다는 것이다.

"할부로 물건을 구입하면 매달 카드 수수료를 내야 하는데 그건 결국 대출 받아 이자 내는 것과 다를 게 없어요. 사고 싶은 게 있으면 조금씩 돈을 모아 한 번에 사는 게 좋습니다. 한도 내에서 쓰는 것이니 과소비를 미연에 방지하게 되고, 돈을 모으는 동안 과연 꼭 사야 하는지 한 번 더 고민하게 되거든요."

페이고 원칙은 사실 지출을 수입 안에 억제하는 단순한 원리다. 하지만 이 단순한 규칙을 잘 지킨다는 건 결국 자신의 소비생활을 100퍼센트 통제할 수 있다는 것을 의미한다. 이것이 습관이 되면 돈이 부족해 쪼들리는 일 따위는 생기지 않는다.

돈 찾는 것을 불편하게 만들어라

"저는 주머니가 있는 바지를 입지 않습니다. 바지 주머니가 돈을 쓰게 만들거든요."

얼마 전 모임에서 만났던 한 지인의 말이다. 무슨 말인지 이해가 안가 고개를 갸웃거리는 내게 그는 웃으며 말했다.

"옷 주머니에 든 돈은 언제 없어질지 모르는 돈이에요. 얼마가 있는지도 모르고 또 얼마가 없어졌는지도 모르죠. 돈은 되도록 손에서 먼 곳에 있어야 없어지지 않아요."

그의 옷장을 본 적이 없으니 그 말이 진실인지는 알 수 없지만, 결코 우스갯소리로 넘길 말은 아니다. 손에서 먼 곳, 찾아 쓰기 불편한 곳에 돈을 두면 번거로워서라도 안 찾게 된다. 바꿔 말하면 쓸데없는 곳에 돈이 나갈 가능성이 줄어든다는 얘기다. 그래서 부자들은 현금을 많이 가지고 다니지 않는다. 공돈이 생겨도 바로바로 은행에 입금하는데, 이때에도 입출금이 자유로운 통장보다는 방문해서 해약해야 하는 통장이나 증권사의 CMA 계좌 등을 이용한다. 카드 하나 없이 한 달 용돈을 일별로 나눠 매일 쓸 만큼의 현금만 가지고 다니는 사람도 본 적이 있다. 잊지 말자. 재테크는 몸이 편할수록 비용이 많이 들어가지만, 불편을 참을수록 돈이 굳는다.

끼니 챙기듯 가계부를 써라

가계부를 쓰라고 하면 웬 궁상이냐며 고개를 젓는 사람들이 꽤 많다. 그러나 사실 부자치고 가계부를 쓰지 않는 사람은 없다. 가계부는 계획적인 재테크를 위해 꼭 필요하다. 가계부를 쓰지 않는다는 건 사업을 하면서 장부나 재무재표를 쓰지 않는 것과 같다. 내가 하는 모든 경제활동을 하나의 작은 사업이라고 봐야 한다.

내 경험으로 보자면, 가계부는 남자들에게 특히 효과가 있다. 직장생활이 너무 피곤해 가계부 따위는 쓸 시간이 없다던 한 젊은 친구는 내 조언을 듣고 시험 삼아 6개월간 지출 내역을 기록했다. 꼼꼼이 적는 걸 부담스러워해서 스마트폰 어플을 이용해 출금 내역만 확인하는 정도였는데, 쓰기 시작한 지 한 달만에 지출습관이 바뀌는 놀라운 경험을 했다고 한다.

지출의 대부분이 술자리에서 발생한다는 걸 깨달은 그는 한 달 평균 10만 원의 술값을 줄일 수 있었고, 줄인 돈을 고스란히 적금에 부을 수 있었다.

가계부를 단순히 자금 이동에 대한 기록으로 생각해선 안 된다. 가계부는 일기장과 다르지 않다. 일기가 한 사람의 일생을 담고 있다면, 가계부는 한 개인의 경제생활에 대한 기록이다.

하루를 되돌아보고 반성하며 또 내일의 계획을 세울 때, 사실 숫자만큼 정확히 나아갈 방향을 제시해주는 것도 없다.

사실 돈을 모으는 원칙은 초등학생도 다 알만큼 간단하다. 너무 단순해 우스워보일지 모르지만 가장 단순한 것이 가장 큰 힘을 발휘하는 법이다. 큰 부자일수록 재테크 원칙도, 사는 방법도 무척 단순하다는 것을 기억하자.

재테크 초보자들은 대개 큰 자산을 만들려면
과도한 위험을 감수해야 한다고 생각한다.
그러나 실제로 투자로 부를 축적한 성공적인 투자자들은
하나같이 이런 선입견과 정반대로 행동했다.
대표적인 사람이 투자의 귀재라 불리는 워런 버핏이다.
그는 절대 무모하거나 위험성이 높은 투자를 시도하지 않았다.
그 결과 시간이 지날수록 시장과 시장에 영향을 미치는 것이
무엇인지를 더 정확히 이해할 뿐만 아니라
불확실한 변수마저 파악하는 혜안을 갖게 되었다.

투자를
시작하기 전
알아야 할
Chapter 4   것들

저금리시대
적금만으로
괜찮을까

재테크 초보자는 우선 종잣돈부터 마련할 것

물려받을 유산이 몇십억쯤 되거나 로또에라도 당첨되지 않는 한, 평범한 사람이 일하지 않아도 돈 걱정 없이 살 수 있는 유일한 열쇠는 바로 종잣돈이다. 쉽게 말해 종잣돈 마련이 부자가 되는 첫걸음이라 할 수 있다. 그렇다면 대체 종잣돈은 얼마나 모아야 하는 것일까? 종잣돈을 마련하겠다고 결심을 했다면, 과연 어느 정도의 액수를 목표로 잡아야 할까?

종잣돈의 기준은 정하기 나름이지만 나는 재테크 초보자들에게 일단 1,000만 원 정도를 목표로 잡으라고 말해준다. 첫 목표를 무리하게 잡으면 쉽게 지쳐 포기할 수 있으므로 1,000만 원을 최소 목표로 하여 2차, 3차로 목표액을 늘려 가면 중도에 포기하는 것을 미연에 방지할 수 있다. 또한 1,000만 원이라는 액수는 종잣돈이라는 가치 외에, 이를 모으는 과정에 올바른 소비·저축 습관을 들일 수 있다는 데 중요한 의의가 있다.

첫 단추를 잘 꿰어야 한다는 옛말처럼 재테크를 처음 시작할 때 얼마나 좋은 소비·저축 습관을 갖추느냐가 향후 재테크의 성패를 좌우한다. 즉 같은 수입이라도 누가 먼저 1,000만 원을 모으느냐에 따라(그 과정에서 얼마만큼 바른 재테크 자세를 갖췄느냐에 따라) 향후 5,000만 원, 1억 원 등 더 큰 종잣돈을 가질 수 있느냐가 결정된다.

이렇게 무사히 종잣돈을 모았다면 재테크의 첫 단계는 성공했다고 할 수 있다. 그다음 단계는 투자다. 물론 이 과정에서도 수입을 꾸준히 저축해 목돈을 만들어가는 습관을 유지해야 한다.

누가 자본가의 대열에 들어서는가

투자의 최종 목표는 노동으로 인한 소득 없이도 풍족하게 사는 자본가의 대열에 들어서는 것이다.

투자를 통해 10억 원 정도의 자본을 만들면 그때부터는 내가 땀 흘려 돈을 벌지 않아도 여유 있게 살 수 있게 된다. 한 예로 10억 원으로 주식투자를 해서 1년에 10퍼센트 수익을 낸다고 하면 1억 원이 생기니 매달 800만 원 이상 버는 셈이다. 부동산을 살 경우 대출을 받아 20억 원 정도 되는 상가 건물을 산다면 월 1,000만 원 가까운 임대수익을 얻게 된다(물론 은행 대출이자는 지불해야겠지만). 어떤 형태로 수익을 취할지는 내 성향에 따른 문제다.

이렇게 흐뭇한 결론에 귀착하면 참 좋으련만, 많은 사람들이 투자라는 말을 떠올리기만 해도 골치가 아프고 심지어 거부감이 인다고 한다. 그들이 이구동성으로 하는 말이 있다.

"한 푼 두 푼 모아 겨우 목돈을 만들었는데 괜히 투자하겠다고 나섰다가 다 날려버리면요? 지금까지 하던 대로 꾸준히 저축을 해야 결과적으로 돈을 모을 수 있지 않을까요?"

과연 그럴까? 은행 금리가 물가인상률보다 못하다는 말은 더 이상 새로운 이야기가 아니다. 인플레이션이 3퍼센트라고 가정했을 때, 내 종잣돈을 어디에도 투자하지 않고 금리 2퍼센트의 은행 적금에 1년간 예치해둔다면 돈의 가치가 1퍼센트 줄어드는 확정적 손해를 보는 셈이다. 다시 말해 은행에 돈을 맡긴 채 가만히 있으면 그 자체로 돈을 잃어버리는 것과 같다.

그럼에도 불구하고 투자 대신 예적금을 고집하겠다면 인플레이션으로 인해 내 돈의 가치가 얼마나 줄어드는지, 은행에서 그만큼의 이자를 내게 주고 있는지 꼼꼼히 따져볼 필요가 있다. 누차 강조하지만 은행에 저축하면 원금은 보장된다는 생각은 깨끗이 지워야 한다.

또 하나 유념해야 할 점은, 한 1억 원 정도까지는 열심히 아끼고 모으는 것만으로도 어떻게든 만들어지지만, 그 이상이 되면 이때부터는 투자를 하지 않으면 돈이 불어나는 속도가 무척 더뎌진다는 점이다. 100만 원 씩 5년을 모아도 6,000만 원인데 어느 세월에 10억 원 이상의 자본을 만들겠는가. 그래서 일단 종잣돈을 웬만큼 모으고 나면 투자를 통해 내 종잣돈을 점프업시키는 과정이 필요한 것이다.

경기는 살아 움직이는 유기체로 계속 순환하며 호황과 불황을 반복한다. 이를 이해하지 못하면 없는 사람들은 계속 고통을 받아야 한다. 그러나 부자들, 즉 경기의 흐름을 알고 위기 속에서 기회를 잡는 사람들은 투자를 통해 돈을 번다. 다시 말해 우리가 경기 불황을 두려워하며 투자 따위는 남의 일이라고 치부하며 사는 동안, 부자들은 오히려 위기 상황을 투자의 적기라고 생각하며 부를 구축한다. 살아생전에 경제 위기를 한 번 더 겪으면 자식이 먹고살 수 있는 부를, 또 한 번 위기를 겪으면 손자

대까지 먹고살 수 있는 부를 마련할 수 있다며 말이다.

자, 이제는 결정해야 한다. 그저 가진 돈만 움켜쥐고 여전히 힘들고 고통스러운 시간을 보낼 것인가, 아니면 기회를 잡아 부자가 되는 발판을 마련할 것인가? 선택은 당신의 몫이다.

투자에 대한 두려움에서 벗어나라

리스크는 투자에 있는 게 아니라 투자자에게 있다

확정된 이자를 보장받는 저축과 달리 투자 수익에는 불확실성이 따르게 마련이다. 기대 이상 높은 수익을 가져다주기도 하지만 반대로 원금마저 손실을 입을 가능성도 있기 때문에 대부분의 사람은 투자라고 하면 '리스크'를 먼저 떠올리며 부담스러워한다.

그러나 가만히 생각해보면 리스크라는 건 비단 투자에만 존재하는 게 아니다. 우리가 명확히 인식하지 못할 뿐, 세상에는 수많은 리스크가 존재한다. 수입이라고는 근로소득이 전부인데 어느 날 갑자기 직장을 잃을 수도 있고, 뜻하지 않게 병을 얻어 돈을 벌기는커녕 예기치 않게 병원비로 인한 지출이 발생할 수도 있다. 각종 시험에서 떨어지거나, 사업에 실패하거나, 하다못해 직장 업무 중에 실수를 하는 등 삶 자체가 수많은 리스크를 안고 있다고 해도 과언이 아니다. 그런 속에서 우리는 의식적인 노력을 통해 실수나 사고가 생길 잠재적 위험 요소를 최대한 줄여나간다. 꾸준히 건강관리를 하고 자기계발을 통해 업무 능력을 키우며 미래를 대비해 여러 가지 준비를 하는 등으로 말이다.

부를 축적하는 과정도 이와 다르지 않다. 경제를 공부해 어떤 투자 방법이 있는지 하나씩 배워가고 돈이 어떤 식으로 흐르는지를 이해하고 나면 리스크를 다루고 대응하는 법도 터득하게 된다. 그 과정에서 리스크 역시 부를 이루는 여정의 일부라는 사실을 깨닫게 되고, 그 과정에서 몸으로 체득한 지식은 평생 각인된다.

이는 마치 자전거 타는 법을 터득하는 것과 유사하다. 처음 자전거에 앉으면 페달을 밟는 것조차 익숙하지 않다. 누군가 뒤를 잡아줄 사람이 필요하고, 싫든 좋든 몇 번이고 비틀대다 넘어지는 과정을 거쳐야만 비로소 자전거를 내 마음대로 다룰 수 있게 된다. 하지만 한번 익힌 자전거 타는 법은 평생 동안 잊히

지 않는다. 몸이 본능적으로 기억하기 때문에 언제라도 탈 수 있게 되는 것이다.

그런 면에서 볼 때, 리스크는 결국 투자를 하는 자기 자신에게 있다고 할 수 있다. 흔히 투자가 위험하다고 말하지만, 사실 그 원인은 투자 자체에 있다기보다 돈을 적재적소에 투자하는 기술이 부족한 투자자 자신에게 있다. 투자의 기술을 충분히 갖추고 있는 사람에게 투자는 리스크를 발생시키는 위험한 행위가 아니다. 즉 자산 운용 기술이 없는 투자자가 투자하는 게 위험할 뿐 투자 자체가 위험한 것은 아니라는 말이다.

투자를 하지 않아서 생기는 리스크

재테크 초보자들은 대개 '큰 자산을 만들려면 과도한 위험을 감수해야 한다'고 생각한다. 그러나 실제로 투자로 부를 축적한 성공적인 투자자들은 하나같이 이런 선입견과 정반대로 행동했다.

대표적인 사람이 투자의 귀재라 불리는 워런 버핏이다. 그는 절대 무모하거나 위험성이 높은 투자를 시도하지 않았다. 오히려 리스크를 철저히 계산했으며, 리스크에 대한 분석이 제대로 이뤄지지 않으면 아무리 수익률이 좋다 해도 결코 투자하지 않았다. 그 결과 시간이 지날수록 시장과 시장에 영향을 미치는 것이 무엇인지를 더 정확히 이해할 뿐만 아니라 불확실한 변수마저 파악하는 혜안을 갖추게 되었다.

결국 부의 창출은 '안정성 대 리스크'의 문제로 접근할 것이 아니라, '기술(정보와 지식) 대 무지'의 관점으로 접근해야 한다. 관점을 바꾸지 않으면 투자를 그저 한탕주의에 젖은 사람들이 벌이는 도박 정도로 생각하게 된다. 그러면서 땀 흘려 번 돈만이 가치가 있고 그렇지 않은 돈은 지저분하다는 식의 변명만 늘어놓게 된다.

땀 흘려 일해 돈을 버는 것은 물론 가치 있는 행위다. 그러나 우리가 사는 이 시대는 날이 갈수록 '투자를 해서 생기는 리스크'보다 '투자를 하지 않아서 생기는 리스크'가 훨씬 더 커지고 있다. 투자를 하지 않는다는 건 오로지 근로 노동만이 수입원이라는 뜻이고, 이는 마치 로프 하나만 붙들고 절벽에 매달려 있는 것이라 할 수 있다. 로프가 끊어지면 그대로 추락할 수밖에 없다. 만일 '투자'라는 또 다른 로프가 생긴다면 보다 빨리 경제적 안정을 이루게 될뿐더러 덤으로 심리적 안정까지 얻게 될 것이다.

앞서 설명했지만 투자는 돈에게 내 대신 돈을 벌어오도록 일을 시키는 것이다. 당신 자신이 족쇄가 되어 돈을 울타리 안에 가두고 있는 것은 아닌지 생각해보자. 자기 자신이 리스크가 되는 어리석은 사람이 되어서는 안 된다.

경기 흐름을 알면 돈이 보인다

수익률은 점쟁이도 모른다

"요새 가장 괜찮은 우량주가 뭔가요?"

"어떤 펀드를 들어야 수익이 제일 좋을까요?"

재테크 초보자들이 가장 많이 하는 질문이다. 투자를 해야 한다는 것까진 알겠는데, 막상 투자를 하려니 도대체 어디서부터 어떻게 해야 할지 막막하기만 하다. 열심히 정보도 구하고 자문도 구해봤지만, 알다가도 모르겠고 당최 확신이 서지 않으니 누가 점쟁이처럼 콕 짚어줬으면 싶은 것이다.

하지만 한번 생각해보자. 그렇게 질문 몇 번에 내 돈을 쑥쑥

키워줄 좋은 투자처를 거저 얻을 수 있다면 세상 천지에 가난한 사람이 있겠는가? 이미 저성장시대에 들어선 지금, 그렇게 황금알을 낳아줄 상품은 더 이상 존재하지 않을뿐더러 설혹 그런 상품이 나왔다손 치더라도 그 정보를 그대로 넘겨줄 사람은 없을 것이다. 수익의 절반을 뚝 떼어 넘기겠다는 각서라도 쓰지 않는 한 말이다.

정신부터 차리자. 투자를 할 결심이 섰다면 우선 내 돈을 자기 돈 마냥 불려줄 사람은 없다는 생각부터 확고히 해야 한다. 물론 전문가에게 조언을 구하고 도움을 받을 수는 있다. 하지만 선택을 하고 그에 대한 책임을 지는 건 결국 나 자신이다.

그렇다면 내 주관 하에 제대로 투자를 하려면 어떻게 해야 할까? 무엇을 알고 또 무엇을 유념해야 성공적으로 투자할 수 있을까? 우선 눈앞의 수익률을 좇아 투자 대상을 고르려는 성급함부터 버리자. 중요한 건 투자 대상보다는 투자 시기, 즉 '언제 투자하는가'이다. 먼저 적당한 투자 시기를 파악하고 그다음 그 시점에 맞는 투자 대상을 찾아야 한다. 똑같은 상품이라도 투자 시기에 따라 누구는 돈을 벌고 누구는 손해를 본다.

결국 우리에게 필요한 건 경기 변화에 늘 촉각을 곤두세우는 부지런함과 투자 적기를 파악할 수 있는 눈이다. 모든 투자는 지속적이고 반복적인 경기 변화의 흐름을 파악하는 중에 이

뤄져야 하는데, 대부분의 사람들은 그저 수익이 난다는 상품만 쫓아다닌다.

돈이 향하는 곳을 알고 싶다면 경제기사를 읽어라

적당한 투자 시기는 어떻게 알 수 있을까? 답은 바로 경제에 있다. 경제 상황을 잘 들여다보면서 지금보다 경제가 나아질 것으로 판단되면 투자를 하고, 그렇지 않을 것으로 판단되면 투자를 멈추거나 경기 불황에도 수익을 낼 수 있는 대상을 찾아 투자하는 것이다. 부자들은 이미 오래 전부터 그렇게 하고 있다.

상위 1퍼센트의 부자들 가운데 가장 많은 직업이 바로 사업가다. 사업가는 경기 변화의 최전방에 서 있다. 자신이 만든 제품이 잘 팔리기 시작하는 걸 보고 경기가 좋아질 거라고 예측한다. 그래서 투자를 시작한다.

반대로 판매율이 떨어지기 시작하면 경기가 나빠지리라는 것을 직감한다. 이때 그들은 투자자금을 회수해 현금화한다. 그러고는 현금을 손에 쥐고 기다리다가 경기가 바닥까지 떨어지면 자산 가치가 뚝 떨어진 주식이나 부동산, 채권 등을 헐값에 사들인다. 다시 경기가 회복되면 헐값에 사들인 그 상품들은 엄

청난 수익이 되어 부를 창출한다. 부자들은 이런 과정을 반복하며 자산을 늘려간다.

반면 평범한 직장인은 경기가 나빠지더라도 경기 흐름이 어디쯤에 와 있는지 체감할 길이 없다. 급여일이 지체되거나 연봉 인상이 동결되거나 뉴스에서 대형마트에 파리가 날린다고 연일 떠들어대면 그제야 '심각한 불황인가 보다' 한다. 이렇듯 우리가 체감하는 경기 변동은 부자들에 비해 늘 뒤쳐질 수밖에 없다. 그래서 나는 사람들에게 이렇게 말한다.

"경제기사를 헤드라인만이라도 꼭 보세요."

부자들에 비해 경기를 체감할 기회가 확연히 적은 우리가 놓치지 말아야 할 것이 바로 경제기사다. 경제기사를 통해 경기 변동의 흐름을 파악하고, 이런저런 경제 이슈들이 내 재테크에 어떤 영향을 미칠지에 대해 계속 생각해야 한다. 경제기사 한 줄도 제대로 보지 않는다면 경기 흐름과 무관한 '던지기 식' 투자를 할 수밖에 없고 결국 계속 가난할 수밖에 없다.

생소한 경제 용어와 숫자들 때문에 머리가 아프겠지만, 일단 헤드라인만이라도 이해해보겠다는 마음으로 시작해보자. 매일매일 헤드라인만 눈여겨봐도 경제기사에 일정한 패턴이 있고 일상적으로 다뤄지는 주제가 있다는 걸 깨닫게 된다. 또한 그런 주제들을 계속 주시하다보면 어느 순간부터 큰 흐름이 조금씩 보이기 시작한다. 그 뒤 한 단락, 두 단락 읽는 양을 늘리면서 모르는 부분을 찾아보고, 또 관심 있는 소식을 접하면 강연이나 책을 통해 지식을 넓혀 나가는 것이다.

　또 하나, 경제기사와 더불어 국내외의 유명한 부자들의 동향을 살피는 것도 도움이 된다. 경제신문에서는 부자들의 동향을 매일같이 전한다. 최고 부자들은 누구나 다 아는 사람들이고 그들이 무엇을 하고 어디에 투자하는지는 뉴스의 단골 메뉴다. 앞서 일반 직장인이 부자들에 비해 경기 체감의 속도가 늦다고 말했는데, 유명 부자들의 동태, 즉 그들이 돈을 어디에 가져다주는지를 잘 살피면 지금 경기 상태가 어떤지 힌트를 얻을 수 있다. 단 이때에도 상품 위주로 정보를 받아들이지 말고, 그들의 투자 현황을 경기를 파악하는 용도로 받아들여야 한다.

　경제기사를 통해 경기의 흐름을 파악하고 부자들의 돈이 지금 어디로 향하고 있는지 파악하면서 그 정보를 토대로 내 돈은 과연 어디에 두어야 하는지 계속 고민해보자. 어느 정도 확신이 서기까지는 섣불리 투자하기보다 모의투자를 통해 경험을 쌓는 것도 좋은 방법이다.

즐겨찾기에 추가해야 할 재테크 정보 사이트

재테크 공부를 하기로 마음먹었다면 언제 어디서든 손쉽게 경제 공부를 할 수 있는 여건을 마련해야 한다. 경기 흐름과 시장 정보를 공짜로 얻을 수 있는 사이트를 즐겨찾기에 추가해두었다가 틈날 때마다 들러보자.

한국은행(http://www.bok.or.kr) 한국은행 홈페이지의 '보도자료' 메뉴를 클릭하면 한국은행 발표 경제 전망을 볼 수 있다. 처음에는 무슨 말인지 잘 모를 수 있으나 다음날이면 신문 경제면에서 친절한 해설 기사를 접할 수 있으니 걱정하지 말자. 팩트를 먼저 접한 뒤 기자나 전문가 의견을 접하면 경기 흐름을 이해하는 데 도움이 된다.

전국은행연합회(http://www.kfb.or.kr) 시중은행의 예적금 및 대출 금리는 각 은행 사이트에 일일이 접속하지 않아도 전국은행연합회의 사이트에 들어가면 한눈에 편리하게 확인할 수 있다. 자주 들어가면 경기 흐름에 따라 금리가 어떻게 변하는지도 공부할 수 있다.

KB부동산 Liiv ON(http://nland.kbstar.com) 부동산 시세는 대형 포털 사이트에서도 확인할 수 있지만, KB부동산 시세 사이트에서 보다 정확한 정보를 얻을 수 있다. 부동산 통계 정보를 가장 잘 담고 있는 사이트로, 전문 상담팀으로부터 부동산 관련 재테크 상담도 받을 수 있다. 최신 정보뿐 아니라 과거 부동산의 시세 변동도 확인할 수 있다.

내 성향에 맞는
투자법을
찾아라

투자할 때도 잘하는 분야를 찾아야 한다

잠깐 중고등학교 시절을 떠올려보자. 한국에서 입시지옥을 치른 사람치고 학창시절 공부를 좋아한 사람이 몇이나 될까 싶지만, 그래도 개중 좀 더 좋아하고 흥미를 가졌던 과목이 한두 개쯤은 있을 것이다.

당연한 이야기겠지만 좋아하는 과목은 다른 과목에 비해 공부하기가 수월하고 성적도 잘 나왔을 테고, 반대로 싫어하는 과목은 공부 자체에 힘이 곱절은 들고 긴 시간을 참아가며 공부해도 성적은 시원찮았을 것이다. 그리고 이러한 적성과 호불호에 따라 문과와 이과 중 하나를 선택하고, 입시를 앞두고 최종적으로 전공을 결정했을 것이다.

투자를 할 때도 마찬가지다. 주식, 채권, 펀드, 부동산, 외환거래 등 여러 대상 중 자신이 개중 좋아하고 더 잘할 수 있는 분야를 찾아야 한다. 이른바 자신의 성향과 적성을 고려해야 한다는 의미다.

단적인 예로 부동산투자의 경우 타인의 입장을 잘 이해하고 남의 관심사를 빨리 알아차리는 사람, 다시 말해 공감능력이 뛰어난 사람이 훨씬 잘한다. 부동산투자의 기본은 공급량보다 수요량이 많은 것을 택하는 것이다. 물건의 공급자보다 그 물건에 관심이 있는 수요자가 많아야 가격이 오른다. 그러니 내 취향보다는 타인의 취향, 보다 많은 사람의 취향에 맞춰 투자해야 한다. 따라서 자기 취향이 뚜렷하고 타인과의 교류가 불편한 사람은 부동산투자에 맞지 않는다.

그런 사람은 부동산투자보다 주식투자를 하는 편이 낫다. 호불호와 자기 주관이 뚜렷하며, 남은 대충 보고 넘기는 것들을 끝까지 물고 늘어지는 사람들이 주식투자를 잘한다. 단, 그런 성향이라도 수차례 등락을 반복하는 주가 변동이 신경 쓰여 밤잠을 못 이룬다면 주식투자가 과연 내 적성에 맞는지 재고해봐야 한다.

자신에게 맞는 투자 분야를 찾아 집중 투자하라

자기 자신에 대해 잘 들여다보기 바란다. 우리는 대개 타인에 대해서는 잘 알면서도 정작 자신에 대해서는 잘 모른다. 나를 모르면 내게 맞는 재테크 방법을 찾을 수가 없다. 재테크 여정 중에 중도에 포기하는 중요한 원인 중 하나가 바로 나를 잘 몰라서다. 내 성향을 잘 모르는 상태에서 시험 삼아 섣불리 투자의 세계에 발을 들여놓았다가는 백이면 백 실패한다.

본격적으로 투자를 시작하기에 앞서 아주 적은 액수로 운용을 해서 내 투자 성향을 파악해보는 것도 좋은 방법이다. 주식이든 채권이든 외환 거래든 말이다. 적은 돈으로 시작해보고 그 속에서 자신에게 잘 맞는 투자 방법을 찾으면 될 것이다.

그렇게 해서 자신의 투자 성향을 파악했다면, 그 분야에 집중 투자를 하라고 권하고 싶다. 만일 자신의 주식투자가 적성에 맞는다면 일단 주식에 집중하기로 마음먹자. 이때 내가 좋아하는 분야부터 시작하면 유리하다. 게임을 좋아한다면 게임 분야를, 식품에 관심이 있다면 먹거리 분야를 찾는 식이다(물론 경기 흐름을 동시에 파악해야 한다). 이렇게 분야를 좁혀 나가면 그만큼 깊게 공부할 수 있다.

"몸담고 있는 곳도 IT 업계고, 또 워낙 온라인 게임을 좋아하다 보니 주식도 그 분야만 파게 되더군요. 그러다 보니 나중에는 IT쪽 주식에서만큼은 웬만한 애널리스트보다 전문적인 지식을 갖추게 되었고, 그 지식을 바탕으로 정확한 판단을 내릴 수 있었어요. 흔히 집중 투자는 리스크가 너무 크다고들 하는데, 그건 제대로 공부도 하지 않고 잘 모르는 분야에 집중 투자했을 때의 이야기입니다."

자신이 좋아하는 IT 분야에서 주식투자를 시작해 큰돈을 번 지인의 이야기다. 그렇게 해서 자산이 어느 정도 쌓이면 그때부터는 한 단계 발전해, 특기 분야 외의 투자처를 찾아볼 수 있다. 이것이 진정한 의미의 분산투자로, 특기 분야에 절반 정도의 자산을 남겨두고 또 다른 특정 분야를 찾아 확장하는 식이다. 이 무렵에는 자신의 투자 성향을 완벽히 파악하는 것은 물론 경제와 금융지식도 상당한 수준이 되었을 것이 분명하기 때문에, 주식에서 부동산, 부동산에서 펀드 등으로 분야를 넓혀 투자하는 것도 나쁘지 않을 것이다.

나만의 투자 필살기를 찾아라

내 투자 수준이 지금 어느 단계에 와있든 기본은 나 자신을 먼저 파악하는 것이다. 나를 알아야 오래 갈 수 있다. 내가 부동산에 적합한지 펀드에 적합한지 주식에 적합한지, 주식이라면 안정성을 추구하는 게 좋은지 아니면 리스크가 좀 있어도 높은 수익을 좇아 빠르게 진행시키는 게 좋은지 등 내 투자 성향을 알아야 한다.

부자들을 가만히 살펴보면 그들은 스스로에 대해 아주 잘 안다. 아무리 좋은 투자처가 있다 해도 "나는 이런 사람이야. 그래서 이건 나한테 안 맞아" 하며 거부할 줄 안다. 자신의 강점과 약점을 잘 파악하고 있기 때문에 사업이든 투자든 실패할 확률이 낮다. 또한 잘하는 분야를 집요하게 파고들어 그것을 자신만의 무기로 삼고 있는 경우가 많다.

그렇다고 지금 당장 그들처럼 되라는 말은 아니다. 단기간에 승부를 보려는 조급한 마음을 버리고 천천히, 보다 진지하게 자신을 잘 들여다보는 과정을 거쳐야 한다. 판단이 서지 않는다면 주식 강의를 듣든 모의투자를 해보든 부동산 탐방에 나서든 적극적으로 경험해보자. 스스로를 파악한다는 건 쉬운 일이 아니지만, 그 과정을 잘 겪고 나면 곧 나만의 필살기를 갖게 될 날이 찾아올 것이다.

투자 성향 체크리스트

투자 성향을 파악한다는 것은 투자에 대한 나의 위험 허용도(Risk Tolerance)를 측정해 내게 맞는 최적의 투자상품을 선택하기 위해 스스로를 진단하는 것이다. 자신의 투자 성향을 알아야 투자에 성공할 확률이 높아진다. 단, 개인적 선호도, 재무 상태, 실행 능력 등 여러 가지 변수도 함께 고려해야 한다.

다음 체크리스트로 자신의 투자 성향을 파악해보자. 이 체크리스트는 증권사나 은행 등 금융기관의 홈페이지에서 제공하고 있으므로 언제든 손쉽게 이용할 수 있다.

〈나의 투자 성향 체크리스트〉

1. 연령대는 어떻게 되는가?

① 19세 이하 ② 20세 이상~40세 이하 ③ 41세 이상~50세 이하

④ 51세 이상~60세 이하 ⑤ 61세 이상

2. 예측 가능한 자금의 투자 가능 기간은 얼마나 되는가?

① 6개월 이내 ② 6개월 이상~1년 이내 ③ 1년 이상~2년 이내

④ 2년 이상~3년 이내 ⑤ 3년 이상

3. 자신의 투자 경험과 가장 가까운 것은 다음 중 무엇인가?(중복 가능)

① 은행의 예적금, 국채, 지방채, 보증채, MMF, CMA 등

② 금융채, 신용도가 높은 회사채, 채권형 펀드, 원금보존추구형 ELS 등

③ 신용도 중간 등급의 회사채, 원금의 일부만 보장되는 ELS, 혼합형 펀드 등

④ 신용도가 낮은 회사채, 주식, 원금이 보장되지 않는 ELS, 시장수익률 수준의 수익을 추구하는 주식형 펀드 등

⑤ ELW, 선물옵션, 시장수익률 이상의 수익을 추구하는 주식형 펀드, 파생상품에 투자하는 펀드, 주식 신용거래 등

4. 금융상품 투자에 대한 본인의 지식 수준은 어느 정도인가?

① 투자 의사결정을 스스로 내려본 경험이 없는 정도

② 주식과 채권의 차이를 구별할 수 있는 정도

③ 투자할 수 있는 대부분의 금융상품의 차이를 구별할 수 있는 정도

④ 금융상품을 비롯하여 모든 투자 대상 상품의 차이를 이해할 수 있는 정도

5. 현재 투자하고자 하는 자금은 전체 금융자산(부동산 등을 제외) 중 어느 정도의 비중을 차지하는가?

① 10% 이내 ② 10% 이상~20% 이내 ③ 20% 이상~30% 이내

④ 30% 이상~40% 이내 ⑤ 40% 이상

6. 자신의 수입원을 가장 잘 나타내고 있는 것은 무엇인가?

① 현재 일정한 수입이 발생하고 있으며, 향후 현재 수준을 유지하거나 증가할 것으로 예상된다.

② 현재 일정한 수입이 발생하고 있으나, 향후 감소하거나 불안정할 것
  으로 예상된다.
③ 현재 일정한 수입이 없으며, 연금이 주수입원이다.

7. 투자원금에 손실이 발생할 경우 감수할 수 있는
손실 수준은 어느 정도인가?
① 무슨 일이 있어도 투자 원금은 보전되어야 한다.
② 10% 미만까지는 손실을 감수할 수 있을 것 같다.
③ 20% 미만까지는 손실을 감수할 수 있을 것 같다.
④ 기대수익이 높다면 위험이 높아도 상관하지 않겠다.

〈문항별 점수표〉

	1번	2번	3번	4번	5번	6번	7번
①	12.5	3.1	3.1	3.1	15.6	9.3	−6.2
②	12.5	6.2	6.2	6.2	12.5	6.2	6.2
③	9.3	9.3	9.3	9.3	9.3	3.1	12.5
④	6.2	12.5	12.5	12.5	6.2	–	18.7
⑤	3.1	15.6	15.6	–	3.1	–	–

* 위 점수표는 문항별로 중요도에 따라 가산점을 달리한 것이다. 각 문
항에 체크한 번호에 해당하는 점수를 합산해 자신의 투자 성향을 파악
하고, 그에 따른 투자 전략을 살펴보도록 한다.

〈투자 성향〉

투자 성향	점수
① 안정형	20점 이하
② 안정추구형	20점 초과~40점 이하
③ 위험중립형	40점 초과~60점 이하
④ 적극투자형	60점 초과~80점 이하
⑤ 공격투자형	80점 초과

① **안정형** 예금이나 적금 수준의 수익률을 기대하며, 투자 원금에 손실이 발생하는 것을 원하지 않는다. 원금 손실의 우려가 없는 상품에 투자하는 것이 바람직하며 CMA와 MMF가 좋다.

② **안정추구형** 투자 원금의 손실 위험은 최소화하고, 이자소득이나 배당소득 수준의 안정적인 투자를 목표로 한다. 다만 수익을 위해 단기적인 손실을 수용할 수 있으며, 예적금보다 높은 수익을 위해 자산 중의 일부를 변동성 높은 상품에 투자할 의향이 있다. 채권형 펀드가 적당하며, 그중에서도 장기회사채 펀드 등이 좋다.

③ **위험중립형** 투자에는 그에 상응하는 투자 위험이 있음을 충분히 인식하고 있으며, 예적금보다 높은 수익을 기대할 수 있다면 일정 수준의 손실 위험을 감수할 수 있다. 적립식 펀드나 주가연동상품처럼 중위험 펀드로 분류되는 상품을 선택하는 것이 좋다.

④ **적극투자형** 투자 원금의 보전보다는 위험을 감내하더라도 높은 수준의 투자수익을 추구한다. 투자자금의 상당 부분을 주식, 주식형 펀드 또는 파생상품 등의 위험자산에 투자할 의향이 있다. 국내외 주식형 펀드와 원금비보장형 주가연계증권(ELS) 등 고수익·고위험 상품에 투자할 수 있다.

⑤ **공격투자형** 시장평균수익률을 훨씬 넘어서는 높은 수준의 투자수익을 추구하며, 이를 위해 자산 가치의 변동에 따른 손실 위험을 적극 수용할 수 있다. 투자자금 대부분을 주식, 주식형 펀드 또는 파생상품 등의 위험자산에 투자할 의향이 있다. 주식 비중이 70퍼센트 이상인 고위험 펀드가 적당하고, 자산의 10퍼센트 정도는 직접투자(주식)도 고려해 볼 만하다.

출처 : 전국투자자교육협의회(http://www.kcie.co.kr)

멀리 가려면 함께 가라

19세기 칼럼니스트 아티머스 워드(Artemus Ward)는 이렇게 말했다.

"우리를 곤경에 처하게 만드는 것은 우리가 모르는 것들이 아니라, 우리가 그럴 리 없다고 알고 있는 것들이다."

나는 이 말이 재테크에 꼭 들어맞는다고 생각한다. '그럴 리 없다고 알고 있는 것들'이 부자가 되려는 사람들을 탐욕과 공포로 몰아넣는다. 그럴 리 없다는 투자자들의 맹신과 그럴 리 없다고 주장하는 애널리스트들과 이를 뒷받침하는 온갖 루머

들로 인해 우리는 겁도 없이 무모한 투자를 하거나, 반대로 정말 귀중한 투자 기회를 놓치곤 한다.

증권 분석의 창시자인 벤저민 그레이엄(Benjamin Graham)은 "시장은 살아 움직이는 거대한 생명체와 같아서 우리가 무슨 짓을 할지 알고 있으며, 우리가 절망하면 오르고 우리가 탐욕에 휩싸이면 내려간다"고 말했다. 그리고 이런 시장을 가리켜 '미스터 마켓'이라고 칭했다.

미스터 마켓은 돈, 특히 투자와 관련한 수많은 상식과 고정관념을 여지없이 짓밟고 투자자들의 주머니를 잔인하게 털어간다. 투자자들의 생각을 낱낱이 읽고 변덕스럽게 움직이는 미스터 마켓을 정복하기란 사실상 불가능하다. 미스터 마켓에 대응하는 유일한 방법은 그의 기분에 맞춰 적절하게 움직이는 지혜롭고 발 빠른 대응력이다. 미스터 마켓에게 뼈저리게 당한 전력이 있는 한 지인은 이렇게 말했다.

"변덕스러운 미스터 마켓의 기분에 맞춰 그때그때 잘 대응하려면 무엇보다 자신만의 좁은 식견을 버려야 합니다. 그래서 저는 재테크를 이제 막 시작하는 젊은 친구들에게 우선 대형 재테크 커뮤니티 두 개쯤은 꼭 가입하라고 말해줍니다. 하나는 착실하게 투자하는 쪽, 다른 한쪽은 큰 수익을 노리는 공격적인 쪽으로요. 이렇게 하면 투자자들의 군중심리를 파악하는 데 도움이 될 뿐 아니라, 한쪽에 치우치지 않고 시장에 냉정하게 대응하는 데 도움이 됩니다."

꿈을 향해 함께 나아갈 부자메이트를 만들어라

박봉을 견디지 못하고 빨리 돈을 벌고 싶은 마음에 성급하게 주식투자를 시작했던 그는 3개월 만에 이 미스터 마켓에게 가진 돈 전부를 다 잃고 철저한 자기반성 끝에 이런 결심을 했다고 한다.

"내가 상대해야 할 시장이 도대체 어떤 역사를 지녔는지부터 알아야겠다고 생각했어요. 적을 알고 나를 알면 백 번 싸워도 위태롭지 않다는 말도 있지 않습니까. 아무리 시장이 변덕스럽다고 해도 시장이 움직이는 데는 어떤 패턴이 있을 거라고 생각했죠. 과거 역사를 알면 그 패턴을 파악하는 데 분명 도움이 될 거라 생각했습니다. 그래서 전공과 직업이 전혀 다른 친구 여섯 명을 모아 주식시장의 역사에 대해 본격적으로 공부하기 시작했습니다."

분야가 다르니 공부를 해도 중복되지 않았고 그만큼 시장에 대한 다양한 해석이 오갈 수 있었다. 그렇게 공부를 하다 보니,

미스터 마켓이 실은 주식시장에만 존재하는 게 아니라 우리 삶 곳곳에 숨어 있다는 걸 알게 되었다고. 스터디는 주식시장 외부에서 일어나는 여러 사회적 현상을 연구하는 것까지 확대되었고, 어느 정도 공부가 무르익을 무렵 모임에 참여했던 여섯 명은 공동으로 돈을 모아 실제로 투자를 실행하기에 이르렀다. 이른바 '부자메이트'로 거듭난 것이다. 그들의 공동 투자가 늘상 성공한 것은 아니지만 누적수익률은 시장 평균수익률보다 훨씬 좋았다고 한다.

"우리 모임의 궁극적 목표는 장기간 투자할 수 있는 좋은 기업 30선을 저희 스스로 추려내는 겁니다. 만일 저 혼자서 미스터 마켓이란 괴물과 계속 딜을 했다면, 지금쯤 저는 가진 돈을 전부 잃고 폐인이 되었을 겁니다."

혹자는 그와 그 친구들이 후행성 지표를 분석하는 것을 두고 시간 낭비일 뿐이라고 비웃을지 모른다. 미스터 마켓의 과거 행적을 조사하고, 그를 움직이는 여러 사회 현상을 탐색하는 것이 과연 앞으로의 투자에 얼마나 도움이 되겠느냐는 것이다.

물론 그 말도 일리가 있다. 과거 지표나 현상을 파악하는 것이 미래의 예측력을 높인다고는 누구도 장담할 수 없다. 하지만 내 소중한 돈을 미스터 마켓의 손에 맡긴 채 오직 선처를 바라는 사람이 이룰 수 있는 꿈은 아무것도 없다.

혼자서 그 꿈을 이루기 어렵다는 생각이 든다면 여럿이 함께 가라. 사실 돈을 비롯한 세상의 모든 성공은 나와 함께 가는 사람의 도움 없이는 불가능하다. 또한 그 함께 가는 사람 안에 나보다 더 경험이 많은 사람, 더 전문적인 식견을 갖춘 사람이 있다면 성공에 이르는 길은 훨씬 단축된다. 철강왕 앤드류 카네기의 묘비명에는 다음과 같은 글이 쓰여 있다.

"자신보다 현명한 사람들을 주변에 끌어 모으는 방법을 알고 있던 인간이 여기에 누워 있다."

목 좋은 곳에 아파트 한 채를 사서 평생 살겠다는
마음으로 지니고 있으면 결국에는 오른다.
주식도 다르지 않다. 아파트도 주식도 좋은 물건을
싸게 구입해 오래 기다리면 수익이 날 것이다.
통계에 따르면 아파트도 주식도 물가상승률보다는 더 올랐다.
지속적인 공부와 분석을 통해 성장 가능성이 있는
투자 대상을 찾아 시간을 두고 기다리면 결국 수익이 난다.
정말 좋은 상품은 시간이 길어질수록
리스크는 점점 줄어드고 수익은 늘어나는 법이다.

Chapter 5 투자에 실패하지 않으려면

재테크 초보자를 위한 5가지 투자법칙

무분별한 소비습관을 고쳐 현금흐름을 바로잡고 나면 신기하게도 돈이 조금씩 모일 것이다. 하지만 거기에 만족해 안주한다면 재테크에 성공할 수 없다. 매달 바닥을 보이던 통장 잔고가 어느 정도 채워지면 그와 동시에 본격적으로 투자에 대한 고민을 시작해야 한다.

안정성과 수익성을 동시에 충족하면서 투자를 해나가기란 쉽지 않지만, 기본적인 투자법칙을 알고 이를 바탕으로 투자에 임한다면 최소한 원금에 손실이 나는 일은 방지할 수 있다.

성공적인 투자를 위해 재테크 초보자가 꼭 알아두어야 할 투자법칙에 대해 알아보자.

작지만 위대한 복리의 힘 - 72의 법칙

저축이나 투자를 논할 때 빠지지 않고 등장하는 말이 '복리'다. 많은 전문가가 침이 마르게 강조하는 것이 바로 '복리 효과'인데, 이 복리 효과와 더불어 기억해둘 만한 법칙이 복리의 속도를 재는 '72의 법칙'이다. 72를 연간 복리수익률로 나누면 원금이 두 배로 늘어나는 데 걸리는 기간을 계산할 수 있다. 대비가 되는 개념으로 '100의 법칙'이 있는데 이는 복리가 아닌 단리로 투자했을 때 원금이 두 배가 되는 기간을 산출하는 공식이다. 72의 법칙을 공식으로 표현하면 다음과 같다.

72÷복리수익률(금리)=원금이 2배가 되는 기간

이 공식을 적용했을 때, 투자금 5,000만 원에 대해 매년 5퍼센트의 수익률을 내겠다고 계획한다면 약 14년 후에 1억 원을 손에 넣을 수 있다(72÷5=14.4). 그런데 이를 100의 법칙에 의거해 단리로 계산하면 20년 후에나 1억 원을 벌게 된다(100÷5=20). 복리에 비해 무려 6년 가까이 늦어지는 셈이다. 재테크를 좀 한다는 사람치고 하나같이 복리의 중요성에 대해 강조하는 건 이 같은 이유에서다.

72의 법칙을 조금 응용하면 이런 공식도 가능하다.

72÷투자 기간=원금이 2배가 되는 복리수익률(금리)

현재 1억 원이 있는데, 앞으로 10년간 투자해 2억 원으로 불리기 원한다면 얼마만큼의 수익률을 내야 할까? 답은 7.2퍼센트다(72÷10=7.2). 이렇듯 72라는 숫자만 알고 있어도 내가 목표로 한 자산을 만들기 위해 어느 정도의 시간이 필요한지, 또는 목표한 기간 안에 얼마만큼의 수익률을 올려야 하는지 분명히 알 수 있다. 이렇듯 명확한 수치를 알게 되면 보다 정확한 목표와 구체적인 투자 계획을 세우는 데 큰 도움이 된다.

다만 한 가지 유의할 점이 있다. 복리 효과를 제대로 보려면 장기간 재투자를 해야 한다는 점이다. 쉬워 보여도 결코 쉽지 않은 미션이다. 1억 원을 종잣돈으로 30년간 8퍼센트 복리로 재투자하면 세전 약 10억 9,000만 원을 쥘 수 있지만, 초기 10년간 발생한 이자를 재투자하지 않고 써버렸다면 종국에는 4억 9,000만 원에 그친다. 처음 10년간 발생한 이자만 썼을 뿐인데 무려 6억 원 이상 놓치는 셈이다. 투자를 한답시고 짧게는 1년 길어야 3년의 단기 투자상품에 투자할 생각이라면(원리금을 재투자할 생각은 아예 못하고) 72의 법칙은 큰 의미가 없을 것이다.

하이 리스크 하이 리턴의 법칙

모든 투자에는 위험이 따르며, 기대수익이 높을수록 위험도 커진다는 것이 재테크 세계의 상식이다. 그런 원리를 가리켜 '하이 리스크 하이 리턴'이라 칭한다. 하다못해 은행 금리만 봐도 돈을 돌려받지 못할 위험이 큰 사람에게는 고금리로, 직업이나 소득이 안전해 상환하지 못할 위험이 적은 사람에게는 저금리로 대출을 해주지 않나.

그러나 '하이 리스크 하이 리턴'을 단순히 높은 위험을 감수하면 큰 수익을 얻을 수 있다는 의미로 받아들여서는 곤란하다. 투자를 논할 때 리스크란 단순한 위험(손실 가능성)이라기보다 '불확실성'을 뜻한다. 따라서 '하이 리스크'라는 말은 불확실성, 즉 예상되는 수익률의 진폭이 커 큰 수익을 얻을 수도 있고 반대로 큰 손실을 입을 수도 있다는 의미다. 쉬운 예로 은행의 예적금은 리스크가 거의 없다. 그래서 수익이 적은 것이다. 반면 은행 저축에 비해 주식이나 펀드는 리스크가 커서 큰 손실을 볼 수도 있고 반대로 큰 수익을 얻을 수도 있다.

성공적인 투자를 위해선 하이 리스크, 즉 높은 불확실성을 최대한 줄여야 한다. 다시 말해 '로우 리스크 하이 리턴'을 목표로 꾸준한 노력이 필요하다.

목 좋은 곳에 아파트 한 채를 사서 평생 살겠다는 마음으로 지니고 있으면 결국에는 오른다. 주식도 다르지 않다. 아파트도 주식도 좋은 물건을 싸게 구입해 오래 기다리면 수익이 날 것이다. 이제까지의 통계를 살펴보면 아파트도 주식도 물가상승률보다는 매년 조금씩 더 올랐다. 지속적인 공부와 분석을 통해 성장 가능성이 있는 투자 대상을 찾아 장 묵히듯 시간을 두고 기다리면 결국 수익이 난다는 말이다. 정말 좋은 상품은 시간이 길어질수록 리스크가 점점 줄어드는 법이다.

'100-나이'의 법칙으로 살펴보는 연령별 투자 원리

막상 투자를 하려고 들면 예적금엔 얼마를 넣어야 하고, 펀드나 주식 등 투자형 금융상품엔 돈을 얼마나 분배해야 하는지 고민이 된다. 특히 재테크 초보자라면 투자의 비중을 가늠하기가 참 어렵다. 이럴 때 유용한 법칙이 바로 '100-나이'의 법칙이다. '100-나이'의 법칙은 연령대에 따라 위험자산과 안전자산의 비율을 어떻게 결정해야 하는지를 가늠하게 해준다. 즉 100에서 자신의 나이를 뺀 수의 비율만큼 성장 가능성이 큰 고수익의 투자자산에 돈을 투입하고, 나머지는 손실 위험이 없는 안전한 자산에 배분하는 것이다. 이 법칙은 연령에 따른 투자 비율을 가늠케 해줄 뿐 아니라, 현재 내가 투자한 상품 중에서 위험자산의 비중이 적정한지를 점검해보는 기준이 되기도 한다.

예를 들어 40세의 직장인이 월소득 중 100만 원을 금융상품에 투자한다고 가정했을 때 60만 원은 손실 위험이 따르나 수익률이 큰 주식이나 펀드에 투자하고 나머지는 은행의 예적금이나 채권 등 수익률은 낮지만 원금이 보장되는 금융상품에 가입하는 것이 좋다. 같은 100만 원이라도 투자자의 나이가 60세라면 반대로 60퍼센트를 안전자산에, 나머지를 위험자산에 투자하는 것이 이상적이다.

쉽게 말해 젊을 때는 공격적인 자산에, 나이가 들면 안전한 자산에 투자하라는 말이다. 젊을수록 위험의 충격이 덜하고 단기적으로 손실을 보더라도 만회할 시간이 충분하기 때문이다. 또한 고령층에 비해 상대적으로 장기간 투자할 수 있으므로 기간에 따른 가격 변동의 위험을 피할 수도 있다.

하지만 이것이 절대적인 투자 비중을 의미하는 것은 아니다. 개인의 재무 상태와 투자 성향에 따라 재량껏 조정해나갈 수 있다. 만일 젊은 나이임에도 이미 고정 수입이 많다면 굳이 손실 위험이 큰 공격형 투자의 비중을 높일 필요가 없다. 마찬가지로 나이가 많아도 이미 투자 경험이 다양하고 위험을 제어할

[40세에 월 100만 원을 투자하는 경우]

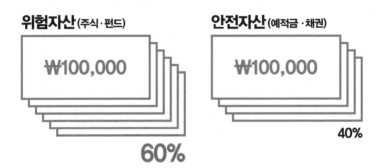

위험자산 (주식 · 펀드)

₩100,000

60%

안전자산 (예적금 · 채권)

₩100,000

40%

[60세에 월 100만 원을 투자하는 경우]

위험자산 (주식 · 펀드)

₩100,000

40%

안전자산 (예적금 · 채권)

₩100,000

60%

젊을 때는 공격적인 자산에, 나이가 들면 안전한 자산에 투자하라.

〈연령에 따른 위험자산 비중〉

투자에 실패하지 않으려면

만한 능력을 갖추었다면 안정형 투자의 비율을 높이지 않아도 된다. 여기에 본인의 투자 성향이 보수적인지, 반대로 진취적인지도 잘 생각해 판단하면 좋을 것이다.

부자지수의 법칙으로 부자가 될 가능성을 점검하라

부자지수의 법칙은 앞으로 부자가 될 가능성이 얼마나 되는지, 또 부자가 되기 위해 무엇을 보완해야 하는지를 알려주는 법칙이다. 즉 현재 소비습관과 자산으로 과연 원하는 만큼 부를 이룰 수 있는지, 남과 비교해서 자산관리를 잘하고 있는지, 만일 문제가 있다면 무엇인지, 또 그 문제를 어떻게 해결해야 하는지 예측해볼 수 있다. 부자지수의 공식은 다음과 같다.

$$\text{부자지수(\%)} = \frac{\text{순자산액} \times 10}{\text{나이} \times \text{연간 총소득}} \times 100$$

공식에 대입해보면 돈을 많이 번다고 해서 무조건 부자가 되는 것은 아니라는 사실을 알 수 있다. 그리고 초보투자자들이 알아두어야 할 중요한 사실 세 가지를 확인할 수 있다. 첫째, 순자산이 많을수록 부자지수는 높아진다는 것, 다시 말해 부자가 될 확률이 높아진다는 점이다. 둘째, 부자가 되려면 소득이 많은 것도 중요하지만 그보다 분수에 맞는 지출을 하는 것이 더 중요하다는 점, 셋째, 순자산이 같고 소득도 같다면 젊을수록 부자가 될 확률이 높아진다는 것이다.

아래의 분석을 보면 자신의 부자지수가 어느 정도인지, 현재의 재무 상태에 문제가 없는지 점검할 수 있다.

- 50퍼센트 이하 : 문제를 해결해야 할 수준으로 소득에 비해 지출이 많고 소득관리가 미흡
- 50~100퍼센트 이하 : 평균 수준이지만 지출관리에 좀 더 노력해야 함
- 100~200퍼센트 이하 : 잘하는 편으로 지출 및 소득관리 무난
- 200퍼센트 초과 : 매우 잘하는 수준으로 지출이 적고 소득관리 탁월

결국 부자지수가 의미하는 것은 순자산을 늘리기 위한 노력과 함께 지출과 부채를 철저히 관리하는 등의 소득관리를 하루라도 빨리 시작하는 것이 중요하다는 사실이다. 본격적인 투자에 앞서 내 부자지수가 어디쯤 와 있는지 한 번쯤 점검해볼 필요가 있다.

잘 쓰면 보약, 못 쓰면 독약 - 레버리지 법칙

레버리지 법칙은 지렛대의 힘을 빌려 무거운 짐을 더 적은 힘으로 들어올리는 것처럼, 남에게 돈을 빌려서 수익을 극대화하는 것을 뜻한다.

예를 들어 1억 원의 자산으로 1,000만 원의 수익을 얻었다면 수익률이 10퍼센트이지만, 내 돈 5,000만 원과 대출금 5,000만 원으로 1,000만 원의 수익을 얻었다면 내 자산으로 얻은 수익률은 두 배, 즉 20퍼센트로 뛰게 된다. 하지만 만일 그 반대라면 어떨까. 만일 손실액이 1,000만 원이라면 실제 내 자산 대비 손실은 20퍼센트이다. 손실이 두 배로 돌아오는 것이다. 이렇듯 레버리지 법칙은 양날의 검과 같다고 할 수 있다.

레버리지 법칙을 적용해 투자를 하는 대표적인 상품이 바로 부동산이다. '제돈 주고 집을 사면 바보'라는 말이 있을 만큼, 전세나 대출을 안고 부동산을 구입하는 레버리지 투자가 최근까지도 이어지고 있다. 하지만 부동산의 경우 레버리지 투자로 수익을 챙기려면 금리가 낮고 집값이 올라야 한다. 집값 상승이 불투명하고 금리 인상까지 점쳐지는 상황이라면 레버리지 법칙은 무의미하다. 그래서 최근에는 자금 여력에 맞는 투자 체질의 개선이 요구되고 있는 실정이다.

부동산투자만 봐도 알 수 있듯 레버리지 법칙으로 효과를 보려면 일단은 일정 수준의 위험을 감수할 각오를 하고 투자 규모를 결정해야 한다. 위험률이 높은 곳보다는 낮은 곳에 투자하는 것이 원칙이며 무엇보다 기대수익률이 대출금의 이자보다 높다는 확신이 설 때 활용해야 한다. 이를 테면 대출금의 금리가 6퍼센트일 때, 수익률이 6퍼센트 이상일 것으로 예상될 때 활용하는 것이다.

또한 금리의 변동성도 주의 깊게 살펴야 한다. 금리가 인상된다면 최대한 대출금을 낮추고, 반대로 금리가 인하된다면 적정선에서 대출금을 늘려 레버리지 효과를 극대화할 수 있는 기회로 삼아야 한다. 레버리지 법칙은 현재의 소득 규모와 자산을 충분히 고려해 위험을 감당할 수 있는 수준 안에서 활용하는 것이 현명하다.

가장비싼 투자상품 집, 살까 말까

투자 대상으로서의 매력은 예전 같지 않지만, 집은 여전히 중요한 의미를 지니는 대상임에 틀림없다. 같은 나이에 비슷한 자산으로 재테크를 하더라도 집을 가진 사람과 집이 없는 사람은 출발선부터가 다르다. 임대차 계약이 만기가 될 때마다 보증금을 올려 계약을 갱신하거나 집주인의 요구에 따라 이사를 해야 한다면 그에 필요한 자금을 미리 준비해야 하고, 이로 인해 계획적이고 진취적인 재테크를 실행하는 데 차질이 생긴다.

집을 구입할 것인가 말 것인가의 문제는 전적으로 개인이 선택할 부분이지만, 만일 지금 당장은 아니더라도 내 집을 마련할 생각이 있다면 몇 가지 유념해야 할 것이 있다.

내가 살 집을 구체적으로 그려보라

내 집 마련은 대부분의 사람들에게 인생을 통틀어 가장 큰돈이 들어가는 투자처다. 보통 옷 한 벌을 살 때도 가격과 소재, 실용도 등을 꼼꼼히 따지고, 휴대전화를 바꿀 때도 이런저런 혜택과 제품의 장단점을 꼼꼼히 비교해보고 구입하게 마련이다. 그런데 정작 가장 큰돈이 들어가는 집을 선택할 때는 가격과 주변 시세, 건축년도와 교통편 등 주로 숫자를 통해 확인할 수 있는 몇 가지 단편적인 사실만 확인하고는 덥석 계약하는 예를 자주 본다.

물론 이런 기준들을 당연히 따져봐야 하지만, 더 중요한 것은 내가 살아갈 집을 구체적으로 그려보는 것이다. 내가 원하는 집에 대한 구체적인 상이 없다면 구입 후에 꼭 불만이 생긴다. 옷이나 가전제품 등은 구입 후 마음에 들지 않더라도 버리거나 바꾸면 그만이지만, 집은 그럴 수 없다(집을 잘못 사서 몇십 년 후회하는 사람을 여럿 봤다).

다른 투자상품과 부동산의 가장 큰 차이는 바로 '유일성'에 있다. 다시 말해 부동산은 유형자산으로 다른 일반 금융자산과는 달리 하나하나가 개별성을 보인다. 세상에서 단 하나뿐인 자산이라는 말이다. 같은 브랜드, 같은 평수의 아파트라도 구매자에게 101호와 102호는 엄연히 다르다. 이렇듯 세상에서 하나뿐인 자산을 마련하는데 본인의 취향이나 목표가 구체적이지 않다면 그게 더 이상하지 않은가.

어느 지역이 좋을지, 아파트, 빌라, 단독주택 중 어떤 것이 좋을지, 어느 정도의 규모가 적당할지(여기에는 가족계획도 포함된다) 등 여러 요소들을 충분히 생각한 다음에 나만의 '스위트홈'을 명확히 그려야 한다. 그래야만 이후의 준비도 차질 없이 진행해나갈 수 있다.

내 집 마련의 기간을 정하라

집을 구입하는 데에는 큰돈이 들어가는 만큼 자금 확보를 위한 준비 기간도 신중하게 따져봐야 한다. 내 집 마련의 계획을 세울 때 흔히 저지르는 실수가 현재 상황만 고려해 자금 확보 계획을 세운다는 점이다.

생각지도 않은 부모의 의료비나 어느 정도 예상 가능한 결혼 자금부터 출산과 양육 등 다른 생활자금 등도 고려해 내 집 마련의 준비 기간을 설정해야 한다. 모든 사항을 고려해본 후 3~4년 단기간에 집을 마련할지, 아니면 여유 있게 5~10년을 두고 장기적으로 집을 마련할지를 결정해야 한다.

만일 3~4년 안에 목표를 달성할 계획이라면 필요한 전체 자금에서 현재 확보된 자금의 차액(부족한 자금)을 마련한다는 전제 하에, 단기 금융상품을 활용하는 편이 좋다. 수익률의 진폭이 큰 펀드나 변액보험과 같은 리스크가 따르는 상품보다는 만기 때 수익이 확정되는 은행의 예적금 같은 상품에 투자하는게 적당하다. 부족한 자금이 크지 않다면 대출을 활용하는 방법도 생각해볼 수 있다.

하지만 집을 마련할 시기가 5~10년 후라면 방법을 달리할 수 있다. 이때에는 투자 기간이 좀 긴 비과세, 세제혜택 등이 있는 상품을 활용하거나, 리스크가 따르는 주식이나 투자형 자산 등에 자금을 투자하는 것도 고려해볼 수 있다. 단, 장기간 자금을 마련할 계획이더라도 목적이 분명한 투자이니만큼 손실로 인해 내 집 마련의 목표가 미뤄지지 않도록 리스크 관리에 보다 신경을 써야 한다.

대출을 현명하게 활용하라

자금 마련 기간과 그에 따른 투자 계획을 잘 실천하더라도 여러 가지 변수로 자금이 부족할 수 있다. 이때 생각해볼 수 있는 것이 대출이다. 웬만하면 빚을 지지 말아야 하고 지게 되더라도 빨리 갚는 것이 재테크의 기본이지만, 대출 전략을 세워야 하는 단 하나 예외적인 경우가 내 집을 마련할 때다.

'하우스푸어', '렌트푸어' 등 부동산 대출로 인한 사회적 폐해가 심각하다고는 하지만 대출 자체를 아예 포기할 필요는 없다. 대부분은 대출 받는 것 자체가 문제라기보다 대출금 규모를 스스로 통제하지 못하는 것이 문제다. 사람마다 차이는 있지만 일반적으로, 안정성을 고려한 총부채 규모는 총자산의 40퍼센트를 넘지 않는 것이 좋으며, 매월 상환하는 대출원리금 규모역시 월평균 소득의 3분의 1 이내에서 조절하는 것이 적당하다.

주택을 구입할 때의 대출은 크게 세 가지로 구분되는데, 가장 대표적인 것이 한국주택금융공사에서 공급하는 '모기지론'이다. 모기지론이란 주택을 담보로 10~30년까지 장기대출을 해주는 제도로 장기고정금리가 적용되기 때문에 향후 금리 변화에 불안해하지 않아도 된다. 만기까지 대출 원금과 이자를 미리 계산해 매월 일정한 금액을 상환하는 조건이라 월급생활자에게 적합한 상환 방식이다.

다음으로 무주택 서민들을 위해 정부에서 저금리로 제공하는 '내 집 마련 디딤돌대출'이 있다. 이전에 근로자·서민 주택

자금대출, 생애최초 주택자금대출, 우대형 보금자리론 등 여러 종류로 취급되던 서민형 정책 모기지 상품들을 하나로 통합한 것이다.

마지막으로 은행이나 보험사에서 취급하는 주택담보대출을 들 수 있다. 부동산 경기가 활성화되었던 시기에는 3년 만기 형태로 이자만 내다가 만기에 일시 상환하는 형태가 주를 이뤘지만, 모기지론이 출시되면서 장기대출에 대한 인식이 높아져 시중은행의 주택담보대출 역시 장기대출 상품 형태로 바뀌는 실정이다. 한국주택금융공사의 모기지론과 디딤돌대출은 일정한 요건을 갖춰야 하는 반면, 일반 주택담보대출은 요건이 까다롭지 않고 자신의 상환 스케줄에 맞춰 상환 방법을 선택할 수 있다는 장점이 있다. 다만 주로 변동금리로 운영되기 때문에 각 상품들을 꼼꼼히 살펴본 뒤 선택해야 한다.

구입 방법을 고려하라

내 집 마련의 계획을 세울 때 또 하나 염두에 두어야 하는 것이 구입 방법이다. 집을 구입하는 방법에는 매입, 분양(청약), 경매가 있다. 이 중 분양의 경우 주택청약제도로 운영되는데, 이를 위해 주택청약을 위한 통장을 가지고 있어야 하며, 1순위여야 기본 자격이 주어진다.

매입의 경우 아파트라면 검증된 부동산 중개업체를 통해 비교적 무난하게 거래할 수 있지만 단독주택은 부가적인 내용들이 많아 매입 시 꼼꼼하게 체크해야 한다. 건축물의 소유권과 근저당 등을 확인하는 등기부등본, 건축물의 용도 등 여러 특이사항을 기록한 건축물대장, 해당 토지의 법적 규제들을 확인할 수 있는 토지이용계획확인원, 인근 도로의 침범 여부와 이웃주택과의 경계를 확실히 확인할 수 있는 지적도 등 문서 확인은 물론 서류에 기재되지 않은 불법적인 요인이 없는지 반드시 현장 확인을 거쳐야 한다.

경매의 경우 주택을 가장 싸게 구입할 수 있는 유일한 방법이긴 하지만, 이 역시 권리 문제, 명도 문제, 유치권 등 고려할 사안이 많고 집의 상태를 직접 확인하기 어려운 문제 등 리스크가 있다는 점을 고려해야 한다.

세금도 고려하라

내 집 마련을 위한 자금 계획을 수립할 때는 순수 집값 외 세금도 고려해야 한다. 부동산과 세금은 떼려야 뗄 수 없는 관계다. 부동산을 취득하거나 처분할 때는 취득세, 등록세, 양도소득세 등 다양한 세금이 발생한다.

부동산 세금을 좀 더 이해하기 위해서 어떤 특징이 있는지 거래 단계별로 하나하나 살펴보자.

첫째, 부동산을 취득하면 우선 지방세인 취득세가 과세된다. 그리고 취득세에 부가적으로 농어촌특별세와 지방교육세가 부과된다. 유상으로 거래된 주택의 경우 취득세는 1~3퍼센트인데, 임대주택이나 전용면적 85제곱미터 이하 주택의 경우 비과세나 감면 혜택을 받을 수 있다.

둘째, 부동산을 보유하기만 해도 지방세인 재산세가 부과되는데, 만일 상가나 오피스텔, 토지를 임대한다면 수입의 10퍼센트에 해당하는 부가세를 납부해야 한다. 주택 임대에 대해서는 부가세가 면제된다. 만일 부동산을 양도한다면 양도소득세가 과세된다. 이때 양도세의 10퍼센트인 지방소득세를 따로 내야 하고, 특정한 물건에 대해서는 부가세가 부과된다.

셋째, 부동산을 상속받거나 증여받을 경우에는 상속세와 증여세를 내야 한다. 상속세는 사람이 사망하여 무상으로 이전되는 재산에 대해, 증여세는 살아생전에 자녀 등에게 재산을 넘겨줄 때 부과되는 세목으로 세율이 높으므로 세 부담을 줄이려면 미리 대비할 필요가 있다.

양도세나 상속 및 증여세까지는 아니더라도 집을 구입하면 곧바로 발생하는 세금과 같은 부대비용에 대해서는 사전에 꼼꼼하게 살펴본 후 자금 계획에 포함시켜야 한다.

청약저축으로 내 집 마련의 꿈을 이룰 수 있을까

　자금을 충분히 확보하지 못한 일반 사람들이 내 집을 마련하는 가장 현실적인 방법은 뭐니 뭐니 해도 주택청약제도를 활용해 분양받는 것이다. 주택청약이란 주택을 분양받으려는 사람이 분양 주택의 종류에 따라 일정한 입주 자격을 갖춰 사겠다는 의사 표시로 예금 등에 가입하는 것을 말한다. 또한 입주하는 주택의 종류에 따라 무주택 세대주 기간, 청약저축 납입 횟수, 저축 총액 등이 많은 순서로 입주자를 선정하는 가점제와 추첨을 통한 추첨제로 분양 대상이 선정된다.

　최근 들어 부동산 시장이 실수요자 위주로 안정화되면서 예전처럼 시세 차익을 이용한 큰 수익을 기대하기 어려워졌음에도 청약저축은 여전히 내 집 마련을 위한 가장 효율적인 방법임에 틀림없다.

청약저축에 가입해야 하는 이유

청약제도를 활용하기 위해 가장 기본적으로 갖춰야 할 것이 바로 주택청약종합저축이다. 청약저축 통장을 만들고 이것을 1순위로 만드는 것이 가장 먼저 해야 할 일이다. 주택청약종합저축은 2009년에 출시된 상품으로 기존의 청약예금, 청약부금, 청약저축으로 구분되던 세 가지 종류를 하나로 통합한 것으로 '청약만능통장'이라고도 불린다.

사실 청약저축에 대해서는 한때 무용론이 팽배했었다. 이전 정부의 건설경기 부양을 위한 청약규제 완화 정책의 영향으로 청약 1순위가 대거 양산되었고(2017년 4월 말 기준 청약저축 가입자 중 1순위 통장 보유자가 55퍼센트), 부동산 거품이 사라지면서 아파트를 분양 받거나 기존의 주택을 매입하거나 큰 차이가 없다는 목소리가 커져 청약저축을 해지하는 사람이 급증했다.

그러나 재테크 전문가들은 하나같이 청약저축을 재테크의 기본 중 기본이라 강조한다. 꼭 내 집 마련을 목표로 하지 않더라도 여타 금융상품과 차별화된 혜택이 따르기 때문이다. 일단 1년 이상 입금하면 연 1.5퍼센트, 2년 이상 입금하면 연 1.8퍼센트의 금리가 적용된다(이상의 금리는 2016년 8월 12일 기준. 청약저축은 정부의 고시에 따른 변동금리 상품으로, 금리가 변경되면 변경일 기준으로 전일까지는 변경 전 금리가 적용되고 변경일부터는 변경된 금리가 적용된다). 그리고 일반 적금과 달리 만기가 없기 때문에 중도 인출이나 해약 시에도 약정이자가 모두 지급된다. 또한 연소득이 7,000만 원 이하인 무주택 세대주에 한해서 연간 240만 원 한도로 납부금의 40퍼센트인 96만 원까지 소득공제 혜택을 받을 수 있다(단, 가입 후 5년 이내에 해지할 경우 추징세액이 부과된다). 이렇듯 금리나 소득공제 등 여러 가지 면에서 혜택이 따르기 때문에 내 집 마련 계획이 있다면 청약저축통장은 반드시 가지고 있는 편이 좋다.

달라진 청약제도, 청약가점제 강화

청약저축은 기본적으로 한 사람이 한 개의 통장만 만들 수 있다. 대신 나이는 물론 주택 소유 여부, 세대주 여부와 관계 없이 누구나 가입할 수 있다. 부모가 20세 미만의 자녀 명의로 가입할 수도 있는데, 미성년자일 경우 24회까지만 납입횟수가 인정되고 실제 청약은 만 20세 이후부터 할 수 있다.

이렇듯 가입할 때는 별다른 제한이 없지만, 실제 청약을 할 때에는 제약이 따른다. 예전에는 기간과 금액 조건만 충족되면 1순위가 되었지만, 이제는 투기과열지구와 청약조정대상지역의 경우 청약 조건이 강화되었다.

좀 더 구체적으로 살펴보면, 서울 및 수도권의 경우 1년 12회 이상 납입 시 1순위이던 청약 조건이 이제는 2년 24회 이상 납입으로 변경되었고(단 지방은 6개월 6회 이상 납입), 서울 등 투기과열지구는 1년 이상 살아야 하는 거주 요건이 추가되며, 전용면적 85제곱미터 이하 아파트는 전체 물량이 청약가점제로 적용된다. 85제곱미터 초과 아파트의 경우도 투기과열지구에서는 50퍼센트, 조정대상지역에서는 30퍼센트가 가점제로 공급된다. 특히 전국적으로 가점제 당첨자의 재당첨 제한과 민영주택 예비입주자 선정 시 가점제가 우선 적용된다.

청약가점제란 무주택 기간, 부양가족 수, 청약저축 가입 기간을 점수로 매겨 당첨자를 우선 선발하는 것을 말하는데, 최근 건설경기 활성화란 명목 하에 축소되었던 청약가점제를 강화하면서 현재 무주택으로 살고 있는 실수요자에게 주택 마련의 기회가 더 크게 제공된 것이라 할 수 있다.

1순위라도 같은 1순위가 아니다

청약 1순위는 기본적으로 세 가지 조건만 충족하면 된다. 첫째 세대주여야 하고, 둘째 무주택이거나 1주택만 소유하고 있어야 하며, 셋째 5년 이내에 다른 주택에 당첨된 적이 없어야 한다. 그러나 청약제도가 달라져 청약가점제가 강화되면서 가산점이 특히 중요한 변수로 작용하게 되었다. 앞서 말한 대로 서울을 비롯한 투기과열지구의 경우 전용면적 85제곱미터 이하의 주택은 100퍼센트 가점제로만 분양되기 때문에 가산점으로 얻을 수 있는 점수를 최대한 많이 확보해야 한다.

먼저 무주택 기간이다. 무주택 기간은 만 20세 이상 결혼한 시점부터 적용되는데, 27세에 결혼했다면 이때부터 무주택 기간이 인정된다. 만일 미혼이라면 만 30세가 된 시점부터 무주택 기간이 적용되므로 이에 해당한다면 세대를 분리해 무주택 기간을 늘리는 것이 유리하다. 이 두 가지 경우를 놓고 비교해 보다 유리한 쪽을 택할 수 있다.

다음으로 가산점이 적용되는 항목은 부양가족 수이다. 부양가족이 0명이면 5점, 6명 이상이면 35점까지 가산점을 받을 수 있다. 이때, 가산점 기준의 부양가족이란 배우자 및 자녀, 3년 이상 주민등록등본에 동일하게 등재된 직계존속에 해당한다.

마지막으로 살펴볼 항목은 통장 가입 기간이다. 가급적이면 조기에 가입해 청약가점제의 가입 기간 점수를 챙겨야 한다. 6개월 미만일 경우 1점, 15년 이상일 경우 최고 17점까지 가산점을 받을 수 있다.

청약저축통장을 만들어 꾸준히 납입하고 청약 1순위가 되기 위한 준비를 계속하는 것은 내 집 마련을 위한 가장 기본적이고 효율적인 방법이다. 그러나 자칫 투기과열지구와 청약조정대상지역에 무턱대고 청약을 할 경우 당첨이 된 후에 부적격으로 탈락된 사례가 적지 않다. 부적격 판정 시 향후 1년 동안 청약 기회가 박탈되므로 청약 시 신중을 기할 필요가 있다.

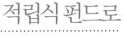

적립식 펀드로 투자습관 기르기

싫든 좋든 투자를 종용받는 시대에 들어선 지금, 투자를 통해 재테크를 하려면 어느 정도의 리스크를 감수해야 하기 때문에 갈수록 개인의 선택이 어려워진다. 고려해야 할 투자상품이 줄잡아 수십 가지에 이르고 여기에 투자를 통해 어떻게든 수익을 내야 한다는 강박관념까지 더해지면 머릿속이 복잡해진다. 그러나 사실 투자로 돈을 번 부자들의 사례를 보면 복잡한 원리를 갖고 많은 투자상품에 손을 대는 이가 별로 없다. 생각보다 단순하게 투자를 한다는 얘기다.

실제로 현재의 재테크 환경은 투자자들이 단순하고 편안하게 투자할 수 있도록 편리한 시스템을 제공한다. 이른바 간접

투자상품, 그중에서도 적립식 펀드가 대표주자다. 금융지식이 부족한 재테크 초보자가 주식이나 채권 등에 직접 투자하려면 알아야 할 게 너무 많아 복잡하다. 펀드는 이런 복잡한 일을 일정 비율의 수수료를 지불하고 투자 전문기관에 맡기는 일종의 대리 투자라 할 수 있다. 즉 적립식 펀드에 가입한다는 것은 투자 전문기관에게 수수료를 주고 투자 활동에 참여하는 것을 뜻하며, 수익금은 고객을 대신해 투자를 진행하는 자산운용회사의 실적에 따라 결정된다.

적립식 펀드로 리스크를 분산하라

적립식 펀드는 목돈 마련의 대표 상품인 은행 적금을 대체할 수 있는 상품으로 일정 시기마다 일정 금액을 지속적으로 투자한다는 측면에서 적금의 성격을 갖고 있다.

기본적으로 적금의 성격을 갖기 때문에 장기간 투자하면 수익을 낼 확률이 그만큼 높아, 초보 투자자들에게 꾸준한 투자 습관을 길러주면서 한꺼번에 많은 돈을 투자하는 다른 금융상품에 비해 투자 위험이 적다는 장점이 있다. 적립식 펀드의 자금은 주로 주식과 채권에 투자되는데 장기간에 걸쳐 투자가 이루어지는 데다, 가격이 낮을 때에는 같은 돈으로 더 많은 주식(혹은 채권)을 사들일 수 있어 평균 매입단가를 낮출 수 있다. 이를 두고 코스트에버리징 효과라고 하는데, 매달 일정 금액을 투자할 때 주가가 떨어지면 주식을 많이 사고, 오르면 덜 사는 방식으로 주식 1주를 살 때 들어가는 평균 매입단가를 낮추는 효과를 발휘한다. 말하자면 적립식 펀드는 분산투자, 장기투자, 정기투자의 성격이 있다고 할 수 있다.

간접투자인 적립식 펀드가 주식투자를 직접 하는 것보다 리스크에 대한 부담이 적다고 해도 운용 실적에 따라 수익이 달라지기 때문에 유의할 점이 있다. 적립식 펀드의 주요 투자 대상인 주식시장과 채권시장이 장기간 침체된다면 아무리 평균 매입단가가 낮았다고 해도 수익률이 저조할 수밖에 없다.

따라서 적립식 펀드라고 해도 리스크를 줄이려는 투자자 스스로의 노력이 필요하다. 이를 위해 펀드 가입 시기나 환매 시점, 투자 비중 등을 스스로 설계해보는 시도를 계속해야 한다. 적립식 펀드 역시 투자이기 때문에 투자에 대한 권리와 책임은 투자자 본인에게 있다는 말이다. 투자자가 원하는 시기에 원하는 만큼 펀드를 더 사거나 덜 살 수도 있다는 사실을 명심하고, 남이 무작정 돈을 벌어다주기 바라는 태도를 버려야 한다.

초보 투자자를 위한 적립식 펀드 운용법

투자를 처음 시작한 사람들이 적립식 펀드를 운용해 바른 투자습관을 기르고 나아가 수익을 높이려면 다음과 같은 점에 유의해야 한다.

먼저 목적자금을 확보하기 위해서 적립식 펀드에 투자해서는 안 된다. 예를 들어 전세자금 마련을 위해 꼭 써야 할 돈을 적립식 펀드로 마련하겠다고 마음먹고 투자 기간을 2~3년으로 잡는다면 낭패를 볼 수 있다. 적립식 펀드 역시 엄연한 투자상품이기 때문에 주식이나 채권의 시장 변동에 영향을 받을 수 있기 때문이다. 똑같은 3년이라도 그 기간이 지나면 어느 때 환매해도 상관없다는 마음가짐을 가져야만 손실을 막을 수 있다.

둘째, 투자 기간을 장기로 계획했다 하더라도 목표수익률의 범위에 들어서면 환매를 고려해봐야 한다. 5년을 투자하기로 마음먹었으니 무조건 그때까지 투자한다는 마음으로 임했다가 언제 또다시 목표수익률에 도달할지 모른다. 따라서 일단 목표수익률에 도달하면 개인적인 재무 계획이나 시장 상황을 고려해 환매 여부를 결정하는 것이 현명하다.

셋째, 직접투자 방식을 일부 적용해본다. 적립식 펀드가 기본적으로 평균 매입단가를 낮추는 방법을 쓰고 있다고는 하지만 투자자 스스로 더 관심을 갖고 매입단가를 낮춰보려는 노력을 해야 한다. 정기적으로 일정 금액을 투자하는 것을 원칙으로 하되, 매입단가에 대해 관심을 갖는 것만으로도 투자 시장에 대한 공부가 된다. 특히 주가 하락기에는 추가 매입을 하는 등 좀 더 적극적으로 투자하는 것도 고려할 만하다. 단, 너무 많은 노력이 필요하거나 부담이 된다면 적립식 투자의 취지에 어긋나므로 본인의 성향에 맞춰 적절히 조절하는 것이 좋다.

마지막으로 당부하고 싶은 것은 은행이나 증권사에서 권하는 상품에 덥석 가입하지 말라는 것이다. 이는 모든 금융상품을 가입할 때 주의해야 하는 공통점이지만, 금융회사의 창구 직원은 기본적으로 수익을 위한 회사의 영업 정책에 따라 움직인다. 정보는 충분히 취하되, 주변 전문가의 조언이나 펀드 정보 제공 업체를 통해 알 수 있는 수익률 등을 충분히 감안해 가입해야 한다.

보험은 투자인가 비용인가

재테크를 이야기할 때 가장 논란이 되는 것이 보험이다. 그 필요성에 대해서는 누구나 공감하지만, 재테크적 관점에서 불필요한 지출처럼 느껴지는 것도 부인할 수 없다.

하지만 예기치 못한 사고나 질병 역시 통제 불가능한 지출이라고 볼 때 보험은 재테크의 필수 요소인 지출관리에 해당한다. 단, 너무 과한 보험은 오히려 가계수지에 악영향을 미치기 때문에 선택과 집중이 필요하다. 우선순위를 정하고 보험을 선별해 가입하고 이를 꾸준히 유지하는 지혜가 필요하다는 말이다. 그러나 위험관리의 원칙을 제대로 알고 보험에 가입하는 사람은 실상 많지 않다.

보험은 쉽게 말해 내가 가진 위험을 제3자, 즉 보험사에게 일정 비용을 지불하고 전가하는 것이다. 그렇다면 모든 위험에 대처하려는 목적으로 보험에 가입해야 할까? 답은 'No'다. 비용을 낭비하지 않고 보험 효과를 제대로 보려면, 내게 닥칠지 모를 위험의 종류를 파악한 다음 스스로 발생 가능성을 예측해본 후 가장 적합한 것을 선별적으로 취하는 지혜가 필요하다.

재테크 초보자가 꼭 알아야 할 보험의 종류

한국은 보험강국이라 불릴 만큼 보험시장이 크고 상품의 종류가 다양하지만, 꼭 필요한 보험은 크게 세 가지로 분류해 생각해볼 수 있다.

첫째, 생명보험이다. '사람'과 관련한 위험 항목을 보장하는 보험으로, 사망보험, 연금보험, 변액보험이 이에 해당한다. 사망보험은 피보험자가 사망했을 때 유족들의 생계를 위해 가입하는 보험으로 정액 보상의 형태를 띠는 것이 일반적이다. 연금보험은 소득 활동을 하지 못하게 될 노후의 수입 보장을 위해 가입하는 상품을 말한다. 연금을 지급받는 기간에 따라 종신형과 정기형으로 나뉘는데, 갈수록 평균 수명이 길어지고 있는 요즘 세태를 고려한다면 종신형에 가입하는 것이 좋다. 변액보험은 보험료의 일부를 투자하는 상품으로, 사망보험이나 연금보험과 결합할 수도 있다. 어느 상품과 결합하느냐에 따라 변액종신보험, 변액연금보험 등으로 다양하게 제공된다. 단, 납입하는 보험료 전부가 투자되는 것이 아니라 일부는 위험 보장에 쓰이고 남은 금액만 투자되므로, 투자 금액만을 두고 수익률을 고려해야 한다는 점을 유의해야 한다.

둘째, '재물'과 관련한 위험 항목을 보장하는 손해보험이 있다. 자동차보험, 도난보험, 화재보험 등이 이에 속한다. 자동차보험은 차 사고로 인해 발생한 손해에 대비해 가입하는 보험으로, 자동차 소유주는 반드시 가입 의무가 주어진다. 보상받고 싶은 정도에 따라 여러 가지 특약을 선택할 수 있다. 화재보험은 주택이나 건물 등에 화재가 발생했을 때 재산상의 피해나 배상 책임에 대비해 드는 보험으로 소유 여부와 관계없이 거주자가 가입하는 상품이다. 아파트의 경우 관리비에 화재보험료가 포함되어 있는 예가 많지만, 보상 영역이 좁아 개인이 별도로 가입하는 경우도 있다.

셋째, 제3보험이다. 생명보험과 손해보험의 성격이 혼재되어 있는 상품으로, 실손의료보험과 질병 및 상해보험을 예로 들 수 있다. 실손의료보험은 일정 한도 내에서 거의 모든 병원비와 의료품비를 광범위하게 지원해주는 보험으로, 실제 발생한 비용만큼 보상해주기 때문에 여러 상품을 중복 가입할 필요가 없다. 질병보험은 암을 비롯한 특정 질병에 대한 진단이 확정되었을 때 정해진 금액을 보상해주는 상품을 뜻하고, 상해보험은 외부의 우연한 사고로 인해 신체에 이상이 발생하거나 사망할 경우 정해진 금액을 보상해주는 상품이다. 제3보험의 경우 실제 발생한 의료비를 보장해주는 실손의료보험에 우선적으로 가입한 뒤, 여유가 된다면 이후 질병이나 상해보험에 가입하는 것이 좋다.

위의 세 가지 보험 종류를 통해 알 수 있듯, 결국 보험의 핵심은 언제(위험 상황), 어떻게(보장 금액과 방법) 보장하는지에 따라 구분된다고 할 수 있다. 위험을 대비한다는 측면에서 반드시 갖춰야 할 보험이지만, 개인이 어디에 더 비중을 두느냐에 따라 납임 금액과 각 보험의 특약 정도가 달라진다.

스마트한 보험 가입법

이처럼 위험을 관리한다는 측면에서 보험은 반드시 필요한 금융상품이기는 하지만, 주변의 권유나 부탁으로 별 생각 없이 보험에 들었다가 낭패를 보는 수가 종종 있다. 잘못 가입하지 않으려면 다음 사항을 고려해야 한다.

가장 먼저 본인의 라이프스타일을 확인해야 한다. 기본적으로 보험은 보장 내용 및 납입 금액에 따라 종류가 천차만별이기 때문에 자신의 라이프스타일에 맞는 상품을 골라야 한다. 이를테면 결혼을 했는지, 자녀가 있는지, 독신을 추구하는지 등 삶의 방향에 따라 갖춰야 할 보험의 종류가 크게 달라진다. 현재 미혼이고 앞으로도 결혼 계획이 없다면 어린이보험이나 태아보험은 애초에 생각할 필요가 없을 것이다. 하지만 크고 작은 병이나 예기치 못한 사고에 대비해 우선적으로 의료실비보험에 가입할 필요가 있다.

두 번째로 생각해야 할 것이 납입 금액과 기간이다. 통상적으로 보험은 10~20년 이상 보험료를 납부하는 경우가 많고, 해지를 하면 손실이 크기 때문에 본인의 경제력에 맞춰 납입 기간과 금액을 신중하게 결정해야 한다. 보장성 보험의 경우 월급의 10퍼센트 이상 지출하지 않는 것이 현명하다. 또한 납입 기간이 길수록 보험료를 낮출 수 있으므로 납입 기간은 되도록 길게 설정하는 것이 좋다.

세 번째로 고려해야 할 것은 중복 가입 여부다. 본인이 가입하고 있는 보험의 내용이 어떤지조차 제대로 모르고 있는 경우가 다반사인데, 만일 새로운 상품에 가입하려고 한다면 기존 보험상품을 먼저 확인할 필요가 있다. 별 생각 없이 가입했다가는 비슷한 보장 내용의 상품에 보험료를 이중으로 지출하는 사태가 발생한다. 특히 암보험 등 질병보험을 고를 때는 보장 내용이 겹치지 않도록 해야 하며, 특히 의료실비보험의 경우 한 회사에서만 보장받을 수 있으므로 중복 가입은 반드시 피해야 한다.

마지막으로 고려해야 할 점은 특약이다. 어떤 종류의 보험이든 특약이 따르게 마련인데, 이러한 특약에 따라 보험료가 천차만별로 달라진다. 남이 하니까 나도 이 정도는 한다는 안이한 생각으로 특약을 대수롭지 않게 포함하는 실수를 저질러서는 안 된다. 정말 필요한 특약인지 아닌지를 하나하나 꼼꼼히 따져봐야 한다.

〔 Money Talk 〕
보험에 대한 오해와 진실

Q 연령에 따라 보험 가입 요령이 달라질까?

일생을 통틀어 보면 연령에 따라 환경과 조건이 달라지게 마련이다. 보험은 외부 위험 요소에 따라 필요성이 달라지므로 각 연령별로 필요한 보장 내용을 확인하고 그에 맞춰 상품의 우선순위를 결정해야 한다.

20대의 경우, 경제력을 갖추게 되면서 여가 및 취미 활동이 늘어난다. 국민건강보험공단에 따르면 재해로 인한 의료비 지출이 가장 많은 세대가 20대라고 한다. 따라서 20대에는 납입 금액을 통제할 수 있는 선에서 재해 및 생존 치료 위주의 보장에 집중하는 것이 좋다.

30대의 경우 본인 위주의 관점에서 벗어나 가족 단위의 보험 설계가 필요하다. 또한 성인병으로 불리는 순환기계 질병의 발생 비율이 높고, 20대와 마찬가지로 재해로 인한 사망률이 높기 때문에 이를 대비한 보험 설계가 필요하다. 가장이라면 종신보험 또는 정기보험에 관심을 두어야 한다.

40대는 자녀교육비 등으로 지출이 가장 많은 시기이다. 다른 목적자금 때문에 노후 준비가 안 되어 있다면 이제부터라도 노후 준비를 해야 한다. 또한 성인병 발병률이 크게 늘고 특히 여성의 경우 암 발병률이 높아지는 시기이므로 이에 대한 대비가 필요하다.

50대의 경우, 새로 보험을 가입하기에는 늦었다고 생각하는 경우가 많은데, 대부분의 보험상품은 65세까지 가입할 수 있다. 만일 제대로 된 보험상품을 갖고 있지 않다면 실비보험과 암보험에 가입하는 게 좋다.

가족이 있다면 종신보험까지 생각해볼 수 있는데, 가능하다면 사망 시 보장 금액이 높은 상품을 택하는 것이 좋다.

Q 보장 내용이 많을수록 좋은 보험일까?

보장 항목 수가 많다고 좋은 보험이라고 생각해선 곤란하다. 한 예로 수십 가지 질병을 보장하는 건강보험과 의료비 특약 외에 별다른 보장이 없는 의료실비보험 중 예상 외로 의료실비보험의 보장 항목이 훨씬 더 많다. 이렇듯 무조건 보장 항목 수가 많은 보험보다는 의료비, 입원비, 수술비 등 내게 꼭 필요한 보장으로 구성된 보험상품에 가입하는 게 좋다.

Q 보험사를 선택하는 기준은?

보험은 기본적으로 수십 년간 유지해야 하는 상품이니만큼 보험사를 선택할 때는 신중을 기할 필요가 있다. 무조건 유명한 보험사를 찾는 것은 바람직하지 않다.

보험에서 가장 중요한 것은 보험사의 이름보다 보장 내용이다. 비슷한 조건이라면 믿을 수 있는 보험사를 선택하는 것이 좋지만, 작은 보험사일수록 상품의 경쟁력을 높이기 위해 보장 내용을 더 충실히 하는 경우가 많다. 따라서 보험사를 선택할 때는 이름보다는 보장 내용을 따져보는 것이 좋다.

Q 보험 가입이 처음이라면 어떤 보험을 선택해야 할까?

아직까지 가입한 보험이 전혀 없다면 가장 기본적으로 의료실비보험, 암보험 등을 생각할 수 있다. 기혼자라면 이 외에 유족을 위한 종신보험, 정기보험 등도 고려해야 한다. 그다음으로 운전을 자주 한다면 운전

자보험, 배상책임보험 등을 생각할 수 있고, 어느 정도 경제력이 있다면
연금보험 등도 고려해야 한다.

Q 만기 때 환급받는 보험이 더 경제적이지 않을까?

재테크를 목적으로 만기에 납입금을 돌려받는 만기 환급형을 선택하는
경우가 종종 있는데, 만기 때 환급받는 보험도 원금에 이자가 더해져 나
오지 않을뿐더러 보장받는 비용은 공제되고 환급을 받는다. 보험의 목
적은 위험에 대비하는 것이므로, 환급 없이 순수하게 보장받는 순수 보
장형에 가입해 보험료를 아끼는 것이 현명하다.

앞으로 벌고
뒤로 밑지지
않기 위한
세테크

별다른 근로소득 없이 20억대의 자산을 가진 사람과 모아둔
돈 없이 연봉 1억 원을 받는 사람 중 누가 더 부자일까? 당연히
20억대 자산가가 더 부자일 것이다. 그렇다면 20억대 자산가와
연봉 1억 원을 받는 월급쟁이 중 누가 더 세금을 많이 낼까? 자
산이 많을수록 더 많은 세금을 내는 것이 정상이겠지만, 현실에
서는 연봉 1억 원의 월급쟁이가 훨씬 더 많은 세금을 낸다.

국세청에서는 매년 모범 성실납세자를 선정해 상을 준다. 성
실납세자로 선정되면 3년간 세무조사가 면제되고 공영주차장

을 무료로 사용하는 등 각종 혜택이 주어진다. 국세청이 매년 모범 성실납세자를 선정하는 것은 성실 자진 신고를 장려하기 위해서다. 그렇다면 그 대상은 주로 누가 될까?

우리나라에서 가장 모범적이고 성실한 납세자는 직장생활을 하는 월급쟁이일 것이다. 하지만 직장인이 성실납세자로 선정되는 일은 거의 없다. 원천징수와 연말정산으로 정확하게 세금을 징수하기 때문에, 애써 표창을 해서 세금을 자진 납부하도록 유도할 필요가 없기 때문이다. 결국 이런 혜택을 받는 사람은 대부분 사업가나 부동산 임대업자, 상속이나 증여를 받는 부자들이다.

그런데 이런 사실을 제대로 인식하는 직장인은 많지 않다. 돈 많은 부자가 세금을 더 적게 내고(물론 자산가 중 성실한 납부자도 많다), 국민으로서 의무를 똑같이 이행했는데 누구는 특혜를 받고, 평범한 월급쟁이는 혜택은커녕 인정받기 어려운 것이 현실이다.

세금 내는 것이 억울하다는 얘기를 하려는 것이 아니다. 다만 최소한 내 근로소득에서 어느 정도의 세금이 부과되고 있는지 알고, 법이 정한 기준 안에서 최대한 절세하고, 또 세금을 활용해 가처분소득을 늘리는 지혜가 필요하다는 말이다. 주머닛돈이 쌈짓돈인 평범한 직장인이 섣부른 투자보다 먼저 챙겨야 할 것은 세금을 활용한 재테크, 이른바 '세테크'다. 지금과 같은 저금리시대에는 수익률 1퍼센트를 높이는 것보다 1퍼센트의 세금을 줄이는 것이 더 쉽고 생산적이라는 말이다.

세금도 줄이고 돈도 버는 직장인을 위한 세테크 팁

가장 먼저 챙겨야 할 것은 연말정산이다. 세법이 개정되면서 연말정산을 통한 '13월의 보너스'란 말은 옛말이 된 지 오래고, 그 자리를 '13월의 폭탄'이 대신하게 되었다.

적게는 몇만 원에서 많게는 100만 원대에 이르는 세금을 토해내야 하는 경우가 종종 발생하는데, 정작 연말정산 시즌이 되면 연말정산 간소화 서비스에 모든 걸 내맡기고 처분(?)만 기다리는 사람이 많다. 연말정산 서비스에 조회되지 않는 항목들을 분명히 챙겨야 한다.

가령 시력 교정용 안경이나 보청기 등은 분명 의료비에 포함되는데도 연말정산 간소화 서비스엔 조회되지 않는다. 교회 헌금과 같은 종교 기부금 영수증이나 자녀의 어린이집 영수증도 공제용 확인서를 미리 받아 연말정산에 포함되도록 해야 한다. 또한 근로자 본인의 대학원비도 공제 대상이 되고, 연봉 7,000

만 원 이하의 근로소득자에 한해 전용면적 85제곱미터 이하의 주택이나 오피스텔에서 월세로 사는 경우 월세의 10퍼센트(최고 75만 원)를 세액공제 받을 수 있다. 부양가족의 인적공제 소득 요건이 총급여 500만 원 이하로 완화된 점도 기억해야 한다.

또 하나 유념해야 할 사항은 카드 사용이다. 신용카드와 체크카드는 소득공제 한도가 다르다. 신용카드와 체크카드는 총사용액이 총급여액의 25퍼센트를 넘었을 때 소득공제를 받는데, 초과분인 25퍼센트 금액에 부과되는 세금 중 신용카드는 15퍼센트, 체크카드는 30퍼센트, 최대 300만 원까지 공제된다. 공제금액이 300만 원을 초과하면 전통시장과 대중교통 사용분에 대해 각각 100만 원씩 추가 공제가 가능하다. 단, 카드 사용액 공제도 중요하지만 그보다는 애초에 과소비를 하지 말고 그 돈을 비과세 혜택을 받는 금융상품에 투자하는 편이 훨씬 더 현명하긴 하다.

마지막으로 금융상품 선택이다. 자산을 불리기 위해 금융상품을 선택할 때에는 세금 혜택을 받을 수 있는 상품을 먼저 찾아야 한다. 대표적인 상품이 연금저축으로 은행에서 판매하는 연금저축신탁, 보험사에서 가입할 수 있는 연금저축보험, 증권사의 연금저축펀드 등 다양한 형태로 가입할 수 있다. 세액공제액은 소득에 따라 다른데, 연간 납입액 400만 원 한도 내에서 총급여 5,500만 원(종합소득 4,000만 원) 이하의 경우에는 16.5 퍼센트, 총급여 5,500만 원 초과의 경우에는 13.2퍼센트가 적용된다. 단, 중도에 해지하면 납입한 원금에 대한 소득세 등 추징금이 부과되므로 장기적인 안목에서 가입해야 한다.

이 외에도 IRP(개인형 퇴직연금계좌), ISA(개인종합자산관리계좌), 비과세해외펀드 등의 금융상품들이 있으니, 이런 절세상품에 가입하는 것도 현명한 방법이다.

직장인이나 평범한 자영업자의 경우 알면 돈을 벌고 모르면 손해인 것이 바로 세테크다. 간단히 소개를 마쳤지만, 열심히 찾고 공부하면 세금을 절약해 돈을 아끼는 방법이 의외로 많다는 것을 알게 될 것이다. 재테크로 돈을 벌지는 못하더라도 현명한 세테크로 새나가는 돈이 없도록 꼼꼼히 따져보자.

미래를 대비해 재테크를 하려면 먼저 인생설계를 해야 한다.
인생설계를 한 후 그에 따라 구체적인 재무설계를
진행해야 실패 없이 재테크를 해나갈 수 있다.
이때 재무설계란 인생설계에 따른 목적자금을 바탕으로
항목별로 필요한 자금을 그려보는 것이다.
인생을 살면서 목적자금이 전체적으로 얼마 정도 필요한지
그려볼 수 있으면 합리적인 인생설계가 가능해진다.
또한 계획적으로 소비하고 저축과 투자를 통해
인생의 목표를 수월하게 달성할 수 있다.

긴 인생
Chapter 6 풍요롭게
살기 위해

재무설계와
인생설계는
동시에

준비하지 않은 미래는 걱정한 대로 된다

30대 후반의 직장인과 재테크 상담을 한 적이 있다. 대기업에 입사해 열심히 노력한 끝에 동기들 중 가장 먼저 차장으로 승진한 그는 겉보기에 돈 문제에 있어서는 별다른 걱정 없이 사는 것 같았다. 매달 대출 자금을 상환하느라 살림살이가 좀 빠듯하긴 해도, 2년 전에 서울에 32평짜리 번듯한 아파트도 한 채 마련했다.

그가 갑자기 미래에 대한 불안감을 느끼게 된 건 둘째 아이를 임신한 아내가 직장을 그만두겠다는 말을 꺼내면서부터였다.

아이를 돌봐줄 사람도 마땅치 않은 마당에 육아도우미를 쓰느니 차라리 자신이 회사를 그만두는 편이 낫다는 아내의 말도 일리가 있지만, 당장 수입이 줄어들 판국이라 그로서는 막막했다.

"아이가 태어나면 지출이 늘어날 게 뻔하잖아요. 아내는 아르바이트라도 하겠다며 걱정 말라지만 아이 둘을 키우면서 그게 말처럼 쉽겠습니까? 제가 정년 때까지 회사를 다닐 수 있다는 보장도 없고요. 요새는 쉰 살만 넘어도 직장 생활하기가 힘들다고 하잖아요."

요즘 나이를 불문하고 이런 걱정을 하지 않는 사람이 있을까? 줄어든 출산율 덕에 세대당 양육비도 덩달아 줄었다고는 하지만 여전히 대한민국의 사교육비는 가계지출의 상당 부분을 차지하고 있고, 대출을 끼고 매입한 아파트는 이자 갚기도 벅찬데 오르기를 기대했던 아파트 시세는 멈춤세를 유지하고 있다. 거기에 직장 환경은 갈수록 각박해져 조기 퇴직이 다반사고 전처럼 명예퇴직금을 기대하기 어려운 실정이다.

그러나 대부분 평범한 사람들은 이런 현실을 인지하면서도 당장 생활이 어려운 게 아니니 '어떻게든 되겠지' 하는 마음으로 하루하루를 보낸다. 매일 처리해야 할 일도 산더미 같은데다 집 문제, 양육 문제 등 생활이 분주하다 보니 미래에 대해 진지하게 생각해볼 엄두가 나지 않는 게 어찌 보면 당연하다. 그러나 준비하지 않은 미래는 걱정한 대로 될 뿐이다.

재테크 상담을 할 때 내가 늘 강조하는 말이 있다. '재테크의 최종 목적은 돈이 필요할 때 필요한 만큼의 돈이 있도록 만드는 것'이라는 말이다. 간단하지 않은가? 필요할 때 쓸 만큼의 돈만 마련할 수 있다면 그만큼 성공적인 재테크가 어디 있겠는가?

그렇다면 우리가 먼저 초점을 맞춰야 할 것은 '돈이 필요할 때'다. 내 인생의 어느 시점에 어느 정도의 돈이 필요할지를 정확히 알고, 거기에 맞춰 자금을 확보하려는 노력을 기울여야 한다. 여기에는 나뿐 아니라 가족 구성원의 삶도 고려해야 한다.

만일 당신이 결혼을 했다면 가족과 함께할 공간인 주택을 마련할 돈이 필요할 것이다. 아이를 낳을 계획이 있다면 출산 비용과 양육비, 교육비가 필요할 것이다. 아이가 둘 이상이라면 막내가 독립할 나이가 될 때까지 교육비가 계속해서 발생하고, 여력이 된다면 아이들의 결혼 비용도 조금은 준비해둬야 한다. 즉 최소 65세까지는 주택구입비, 자녀의 교육비와 결혼 비용 (크든 적든) 등이 소요된다는 말이다. 만일 중간에 집을 늘릴 계획이 있다면 추가 예산을 잡아야 할 것이다.

재테크에서는 이런 자금을 '목적자금'이라고 한다. 이 자금 외에도 은퇴를 대비한 노후자금, 비상자금 등이 더 있을 수 있다.

돈 걱정 없는 노후설계는 가능한가

그런 의미에서 미래를 대비해 재테크를 현명하게 하려면 구체적인 인생설계가 먼저 따라야 한다. 인생설계를 한 후 그에 따라 구체적으로 재무설계를 해야 재테크도 실패 없이 해나갈 수 있다. 이때 재무설계란 인생설계에 따른 목적자금을 바탕으로 항목별로 필요한 자금을 그려보는 것이다. 인생을 살면서 목적자금이 전체적으로 얼마 정도 필요한지 그려볼 수 있으면 인생설계를 합리적으로 할 수 있다. 또한 계획적으로 소비하고, 저축과 투자를 통해 인생의 목표를 수월하게 달성할 수 있다.

앞에 예로 든 직장인과의 상담에서 나는 먼저 두 아이(곧 태어날 둘째 포함)의 교육비를 먼저 생각해보라고 했다. 또한 집 대출을 갚는 데 들어갈 비용과 시간도 계산해보게 했다. 간단하게나마 이를 도식화해 표로 작성하게 하고 나니 저축을 통해 마련해야 할 목돈과 투자를 통해 불려가야 할 돈의 설계까지 대략적인 아웃라인을 잡을 수 있었다. 자신의 인생이 어떻게 전개될지 그려본 다음 그에 따른 목적자금을 구체적으로 생각해보고 난 뒤 그의 표정은 한결 편해졌다.

"제 잘못된 소비습관부터 바로잡아야겠다는 생각이 드네요. 좀 어렵겠지만 실천 못할 것도 없다고 봅니다. 막연하게 걱정만

했을 땐 도대체 뭘 어떻게 해야 할지 알 수가 없었는데, 이렇게 큰 줄기를 잡아보니 불안했던 마음이 한결 편해졌어요."

인생설계를 통해 구체적인 계획을 세우고 나면 지출 문제로 가족과 갈등할 일도 없고 쓸데없이 조바심을 내며 통장 잔고를 들여다 볼 일도 사라진다. 한마디로 돈 문제로 고달팠던 인생에 평화가 찾아드는 것이다.

그래서인지 내 주변 재테크의 달인들을 보면 인생도 계획적으로 참 멋지게 산다. 그들에게 있어 재테크란 단순히 돈을 모으고 불리기 위한 수단이 아니라, 자신의 인생을 행복하고 풍요롭게 만드는 윤활유다. 아직 늦지 않았다. 종이와 연필을 들고 당신 인생의 지도를 그려보라. 몰라서 불안할 뿐, 내 인생의 지도가 제대로 그려지면 구체적인 길은 찾아지게 마련이다.

연령별 재무설계 가이드

재무설계는 수십억대 부자들의 자산관리를 위해 하는 것으로 생각하는 경우가 많다. 하지만 재무설계는 한 사람의 인생 목표를 이루기 위한 과정이라는 점에서, 자산이나 소득의 규모와 관계없이 누구에게나 꼭 필요하다. 오히려 자산이나 소득이 적을수록 더욱 필요하다고 할 수 있는데, 한정된 자산이 갖는 의미와 가치가 훨씬 더 크기 때문이다.

오른쪽은 연령대에 따른 수입의 흐름과 시기별 목적자금에 따른 지출 현황을 한눈에 파악할 수 있는 도표이다. 표를 통해 알 수 있듯, 30대에는 결혼과 더불어 주거 공간을 마련하는 비용이 들어간다. 목돈 지출이 본격화되므로 목적자금에 대해 구체적인 가이드를 세워야 한다. 40대는 수입이 가장 큰 연령대임에도 불구하고 자녀교육비와 주택 마련으로 인한 지출 때문에 가계가 적자가 되기 쉽다. 불필요한 사교육비를 줄이는 한편 자동차 등 목돈이 들어가는 소비를 줄여야 한다. 50대 이상이 되면 반드시 노후생활에 대한 계획이 잡혀 있어야 한다. 만일 이 시기에 자녀의 대학 학자금이나 결혼자금 준비로 인해 노후 준비를 등한시한다면 은퇴 이후의 삶이 어려워진다.

이를 기준으로 내 현재 및 미래의 수입·지출의 흐름을 파악하고 시기별로 어떤 자금이 필요한지 예측하는 과정을 통해 나만의 재무설계를 구체적으로 세워보자.

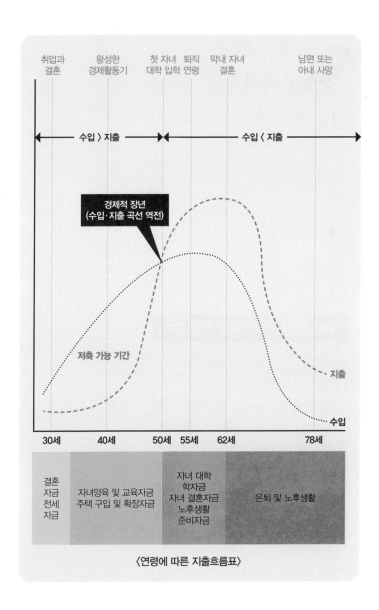

〈연령에 따른 지출흐름표〉

노후생활을
구체적으로
떠올려보자

40대 이상의 중장년층을 대상으로 재테크 상담을 할 때 가장 많이 화제에 오르는 건 역시 '노후 준비'다. 흔히 노후 준비라고 하면 저축이나 투자를 통해 퇴직 후 필요한 생활비를 확보하는 것이라고들 말한다. 물론 그 말이 옳다. 하지만 그저 말년에 쓸 생활비를 미리 마련하는 것이 노후 준비의 전부일까?

나는 단지 여유자금이 확보되었다고 해서 풍요로운 노년을 보장받는 것은 아니라고 생각한다. 물론 경제적인 준비는 반드시 필요하지만, 그보다 더 중요한 것은 자신이 바라는 노후의 청사진을 진지하게 그려보는 것이다.

행복하고 안정된 노후는 비단 금전적인 여유만 뒷받침되었다고 해서 만들어지는 것이 아니다. 재테크 상담을 하면서 만난 60대 이상의 부자, 그러니까 은퇴를 해서 현직에서 물러난 부자들은 노동을 할 필요가 전혀 없음에도 불구하고 하나같이 자신의 '일'을 갖고 있다. 그저 시간을 때우기 위한 일이 아니라, 정말 몰입할 수 있고 또 그 일을 통해 자신의 존재 가치를 확인할 수 있는 일에 투신하며 젊은이 못지않은 활기찬 나날을 보내고 있다. 그들에게 노후의 삶이란 꺼져가는 '잉여의 삶'이 아니라 인생 후반기에 새로 찾은 제2의 삶이다.

그들을 통해 느낀 건, 사람은 자고로 자신의 재능을 살리면서 동시에 마음의 열정을 쏟을 수 있는 일을 하면서 여생을 살아야 한다는 점이다.

얼마 전 한 다큐 프로에서 뜻을 함께한 은퇴자들이 함께 귀농해 공동체를 만들고 농사를 지으며 사는 모습을 본 적이 있다. 아침과 저녁은 각자 해먹지만 점심은 항상 함께 준비해 먹고, 크고 작은 어려움이 있을 때마다 각자의 재능을 살려 서로 돕고 사는 모습이 참 행복해 보였다.

한평생 건축가로 살다 일선에서 물러난 한 지인은 일흔이 넘은 나이에도 월요일부터 금요일까지 후배의 건축사무소에 출근한다. 현직에 있을 때처럼 매일 현장을 쫓아다니지는 않지만, 경험과 연륜이 필요한 큰 프로젝트에는 자문을 해주고, 그간의 경험을 살려 집필 활동을 하면서 인턴이나 신입사원을 가르친 다. 재산도 상당한데 이제 좀 쉬면서 인생을 즐기는 게 어떻겠 느냐고 조심스럽게 물으면, "일을 그만두면 그때부터 진짜 늙 는 거야. 나는 내 일이 제일 즐거운데, 일을 안 하면 도대체 뭘 하라는 거야"라며 고개를 흔든다.

결코 돈이 아쉬워서 일을 하는 게 아니다. 일 자체가 너무 즐 겁고 삶의 의미를 잃지 않도록 도와주기 때문이다. 얼마든지 일 하지 않고 쉬고 놀면서 살 수 있는 경제적 여유를 누리고 있었 지만, 자신의 가슴을 뛰게 만드는 일을 계속 하면서 누구보다 즐겁고 풍요로운 노후를 즐기고 있는 것이다.

또 다른 지인은 은퇴 후 손자손녀를 키우며 일상을 보내고 있 는데, 단순히 돌보는 것이 아니라 제2의 직업이라 여기고 교육 에 관한 여러 자료와 책을 찾아 공부를 하면서 사명감을 갖고 아이를 키운다. 공부를 얼마나 많이 했는지 주변 30대 젊은 엄 마들이 찾아와 자문을 구할 정도라고. 아이에게 직접 영어를 가 르쳐주고 싶어 얼마 전부터는 구청의 평생교육원에서 영어도 배우고 있는데, 아이를 맡긴 자식들이 새삼스럽게 자신을 존경 스러운 눈길로 바라본다며 지금의 삶에 만족해하고 있다.

노후 재테크는 스스로에게 선택의 자유를 주는 것

한번 생각해보자. 당신은 60세 이후에 어떤 삶을 살고 싶은
가? 내가 원하는 미래상에 따라 노후 준비의 내용도 달라진다.
만일 앞서 소개한 사례처럼 귀농을 해 자연과 더불어 살고 싶
다면 도시에서의 노후에 비해 필요한 은퇴자금의 규모는 크지
않을 것이다. 하지만 그 삶을 실현하기 위해 농촌에서의 생활을
공부하는 준비(하다못해 텃밭을 가꾸는 소일거리라 하더라도)가
필요할 것이다.

청년기에 자신의 사회생활을 구체적으로 그려보듯, 노후의
삶 역시 구체적으로 그려보고 그에 대한 계획을 세워보자. 구체
적인 노후의 청사진을 간직하고 있다면, 노후 준비가 현재의 지
출을 줄여 힘들게 저축하는 고달픈 과정이 아닌, 제2의 삶을 준
비하는 즐겁고 유쾌한 여정이 될 수 있다.

그런 의미에서 나는 노후자금은 자신이 하고 싶은 일을 하면
서 여생을 보낼 수 있도록 선택의 자유를 선사해주는 돈이라고
생각한다. 꼭 지금 하는 일의 연장선이 아니더라도, 얼마든지
다른 선택을 할 수 있도록 보장해주는 돈이 바로 노후자금이다.
책을 써볼 수도 있고, 내 손으로 직접 꿈에 그리던 집을 지을 수
도 있고, 알려지지 않은 오지만 찾아다니는 여행 전문 블로거로

살아갈 수도 있다. 무엇이 되었든 자신의 여생을 스스로 선택할 수만 있다면 성공적으로 노후 준비를 했다고 할 수 있을 것이다. 진정한 부자는 원하는 삶을 살며 여생을 마감할 수 있도록 스스로에게 선택의 자유를 줄 목적으로 재테크를 한다.

돈은 그래서 중요하다. 꼬부랑 노인이 되어서까지 하고 싶지도 않은 일을 억지로 하면서 살지 않으려면(억지로라도 일을 할 수 있는 기회조차 없을지 모르지만) 노후자금이 필요하다. 노후자금이 넉넉하지 않으면 당신은 나이가 들어서도 스스로 선택하는 삶을 살지 못하고 이리저리 끌려 다니는 삶을 살게 된다.

그러나 두려워하거나 절망할 필요는 없다. 30년 뒤, 40년 뒤 내 삶의 모습을 머릿속에 구체적으로 떠올릴 수 있다면, 그 뒤부터는 오히려 방법을 찾기가 쉬워진다. 내가 만난 많은 중장년층들은 노후 준비 문제로 처음엔 우왕좌왕하다가 인생 후반기의 모습을 바로 세운 다음 오히려 구체적인 목표가 생겼다며 의욕을 보이곤 한다.

노후의 삶을 잉여의 삶이라 여기지 말고, 보다 즐거운 삶을 살아볼 기회로 생각하자. '젊음은 빛나지만 나이 듦은 고귀한 것'이라는 말도 있지 않은가. 꿈에 그리는 고귀한 삶을 위해 오늘 무언가 행동할 수 있다는 것만으로 노후 준비는 충분히 즐거울 수 있다.

연금만으로
노후를
보낼수있을까

2017년 8월 말 기준, 65세 이상 주민등록 인구가 전체 인구 중 14퍼센트를 넘어섰다. 65세 이상 비율이 7퍼센트 이상이면 '고령화 사회', 14퍼센트 이상이면 '고령사회', 20퍼센트 이상이면 '초고령사회'로 분류하는 국제연합의 규정에 의거해 한국이 드디어 고령사회로 진입한 것이다.

한국은 고령화 사회에서 고령사회로 가는 데 17년이 걸렸다. 프랑스가 113년, 미국이 73년, 그리고 최근 들어 노인 문제가 심각한 일본조차 24년이 걸린 것을 볼 때, 한국이 늙어가는 속도는 흡사 조로병을 연상케 한다. 한국은 오는 2025년이면 초고령사회로 진입할 것으로 예상되는데, 2050년에는 일본을 제치고 세계 최고령국이 될 것이라고 한다. 여기에 하나 더, 지난해에는 노년부양비(생산 가능 인구 100명이 부담해야 하는 노인 수)가 18.7명으로 역대 최고치를 기록하기도 했다.

명백한 수치를 통해 보더라도 당장 십수 년 뒤에 현실화될 우리의 노후 모습은 그리 아름답지 못하다. 지금이라도 사태의 심각성을 깨닫고 지금 당장 할 수 있는 노후 준비를 시작하지 않는다면, 끓는 물속에서 제 몸 익어가는 줄도 모르고 죽어가는 개구리와 다를 바 없다. 가장 기본이 되는 준비는 두말할 것도 없이 경제적 자립이다. 그리고 노후의 경제적 자립을 위해 제일 먼저 챙겨야 하는 것이 바로 '연금'이다.

연금의 기대 효과가 과연 내 미래를 완벽히 보장해줄 수 있는가에 대해서는 전문가들조차 의견이 분분하지만, 노후를 위해 어떤 대책도 갖고 있지 않다면 가장 현실적으로 연금을 활용할 필요가 있다. 일부 고소득자를 제외하고 평범한 사람들이 노후 생활을 위해 활용할 수 있는 연금은 크게 세 가지로 분류할 수 있다.

첫 번째가 국가가 보장하는 사회보장제도인 국민연금, 두 번째가 기존 퇴직금제도를 연금으로 대체해 노후를 보장케 하는 퇴직연금, 세 번째가 당사자의 경제적 여건에 따라 각자 준비하는 개인연금이다. 이 세 가지 연금에 대해 정확히 알고 내가 지금 어느 정도 노후 준비를 하고 있는지 파악한 뒤 조금씩 보완해가면 좋을 것이다. 하나씩 찬찬히 살펴보자.

국민연금 - 국가가 책임지는 최소한의 노후 대책

세 가지 연금 중 가장 기본이 되는 국민연금은 급속한 노령화와 이로 인한 노후 대책의 일환으로 국가가 시행하고 있는 제도이다. 다수의 젊은 세대가 소수의 노인을 부양하기 위한 복지로 공무원과 군인, 교직원 등은 제외된다.

'국민연금은 언젠가 고갈될 것이다', '받더라도 형편없는 액수일 것이다' 등 말들이 많지만, 현재 공적 연금제도를 실시하고 있는 170여 개국 중 연금 지급을 중단한 나라는 단 한 곳도 없다. 또한 국민연금이 언젠가 바닥이 날 것이라는 전망에 대해 정부는 '설령 적립된 기금이 모두 소진된다 하더라도, 그해 연금지급에 필요한 재원을 그해에 걷어 지급하는 방식을 써서 연금을 지급하겠다'고 밝혔다.

국민연금이 구조적으로 여러 문제점을 안고 있다는 것은 부인할 수 없지만 국가가 보장하는 만큼 현재로서는 가장 안전한 노후 준비 수단임을 인지할 필요가 있다. 어차피 강제성을 띠니 만큼, 오히려 적극적으로 국민연금의 속성을 잘 인지하고 매년 새롭게 개선되는 내용을 잘 살펴보는 편이 현명하다.

국민연금은 가입 유형에 따라 사업장가입자, 지역가입자, 임의가입자로 구분되는데, 사업장가입자는 국민연금에 가입된 사업장에서 일하는 18세 이상 60세 미만의 근로자를 뜻하고, 지역가입자는 18세 이상 60세 미만의 국내 거주자로 사업장가입자가 아닌 사람을 뜻한다. 사업장가입자나 지역가입자가 아닌 사람도 60세 이전에 신청하면 임의가입자로 국민연금에 가입할 수 있다.

퇴직연금 – 퇴직금을 노후자금으로

퇴직연금제도는 근로자의 노후생활을 보장하기 위하여 회사가 근로자에게 지급해야 할 퇴직급여(퇴직금)를 회사가 아닌 금융회사(퇴직연금사업자)에 맡기고 기업 또는 근로자의 지시에 따라 운용하여 근로자 퇴직 시 일시금 또는 연금으로 지급하는 제도이다.

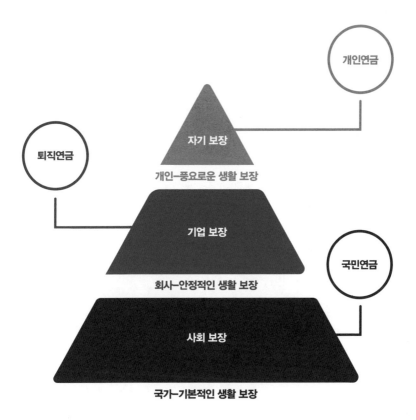

세 가지 연금 모두애 가입하면 노후에 경제적으로 자립할 수 있다.

〈노후를 위한 세 가지 연금〉

종래 공무원에게만 해당되던 퇴직연금이 2005년 12월부터 일반 근로자에게도 도입되었는데, 이로 인해 근로자는 회사가 도산하는 등의 문제가 생겨도 금융회사로부터 퇴직급여를 안정적으로 받을 수 있다. 퇴직연금은 기존 퇴직금제도와 달리 일정 조건을 갖추면 연금 형식을 선택할 수 있어 자산관리에 도움이 된다. 단, 근로자가 원하면 일시금으로 지급받을 수 있다.

퇴직연금은 크게 확정급여형(DB: Defined Benefit), 확정기여형(DC: Defined Contribution)으로 나뉘는데, 확정급여형은 근로자가 받는 퇴직급여, 다시 말해 연금액이 확정되는 퇴직연금을 말한다. 퇴직자가 받는 돈은 이미 정해져 있고, 운용 실적이 좋으면 회사가 이익을 보고 운용 실적이 나쁘면 회사가 손해를 보는 구조다. 근로자 입장에서는 운용 실적에 대해 책임질 필요가 없다는 장점이 있다.

확정기여형은 기업이 부담해야 하는 기업부담금이 확정돼 있는 형태로, 운용 실적이 좋으면 근로자의 연금액이 늘고, 운용 실적이 나쁘면 연금액이 줄어든다. 다시 말해 자금을 어느 기업에 어떻게 운용할지 근로자 스스로 선택할 수 있고, 이에 대한 책임도 개인에게 돌아간다.

대부분 회사에서 한 가지를 정해 도입하는 경우가 많지만, 두 가지 제도를 모두 도입해 둘 중 하나를 근로자 스스로 선택하도록 하는 경우도 있으므로 신중히 선택할 필요가 있다.

퇴직연금은 연금으로 수령하면 세금 혜택이 주어지는데 일시금으로 받을 때보다 퇴직소득세를 30퍼센트 줄일 수 있다. 다만, 금융회사에 따라 연금 지급 기간 및 방법, 수수료 등에 차이가 있으므로 신중하게 비교한 후 선택해야 한다.

개인연금 – 세금 공제에 대한 이해가 먼저

국민연금, 퇴직연금에 이어 노후 보장 체제의 마지막 단계로 생각할 수 있는 것이 개인연금이다. 개인연금은 말 그대로 노후를 대비해 개인이 따로 준비하는 연금으로 은행과 증권사, 보험사에서 모두 취급한다. 금융회사의 팸플릿만 모아도 책 한 권이 나올 만큼 개인연금의 종류가 많은데, 크게 연금저축과 연금보험으로 나눌 수 있다.

연금저축이란 최소 5년 이상 납입하고 만 55세 이후 연금으로 수령하는 장기저축상품이다. 연금저축은 요즘 가장 각광 받는 세테크 상품으로 연간 납입액 400만 원까지, 연간 납입액의 13.2퍼센트 또는 16.5퍼센트를 세액공제 받을 수 있다. 예금 금리가 2퍼센트도 되지 않은 시대에 세제 혜택을 감안하면 꽤 높은 수익률을 내는 금융상품에 해당하므로 개인연금으로 가장 먼저 가입할 만하다. 단, 납입 중 해지할 경우 세금의 상당액을 일시에 추징당한다는 부담도 있다.

연금보험이란 피보험자의 종신 또는 특정 기간 동안 일정 금액을 수령하는 생명보험이다. 연금저축을 세액공제 한도까지 납입하고 여유자금이 있다면 그다음으로 연금보험을 고민해봐야 한다.

연금보험도 세금 혜택이 있는데, 월평균 150만 원 이내에서 10년 이상 납입하면 연금으로 발생한 소득에 세금이 붙지 않는다. 특히 죽을 때까지 연금을 수령하는 방법을 택하면 월평균 150만 원 이상 납입해도 보험수익에 대해 전액 비과세가 적용된다.

다만 연금보험과 같은 월납 적립식 보험의 경우 사업비 명목의 수수료가 있고, 보험사와 납입 기간에 따라 사업비 비율에 차이가 나기 때문에 꼼꼼히 비교 검토한 뒤 가입을 결정해야 한다. 이때, 수수료 비율을 낮출 수 있는 가장 확실한 방법은 추가 납입 제도를 활용하는 것이다. 이미 정해진 금액 이상을 추가로 납입할 경우에는 별도의 수수료가 붙지 않기 때문에 추가 납입 제도를 활용하면 보다 효율적으로 플랜을 짤 수 있다.

노후 대책의 첫 번째 방법이 연금이라고는 하지만, 노후자금이라고 해서 반드시 '연금'이라는 단어가 들어가는 상품만 활용할 필요는 없다. 은행의 예적금이나 펀드 등을 이용해 꾸준히 돈을 모아 목돈을 만든 다음 다양한 금융상품을 통해 거치식으로 굴리는 것도 방법이다. 이럴 경우 운용과 관련해 선택의 폭이 넓고 다양한 기회를 잡을 수 있다는 것이 장점이지만, 노후자금 외의 다른 용도로 써버릴 위험이 있기 때문에 평소 자기 통제를 잘해야만 한다.

어떤 방법이든 노후의 경제적 자립을 위한 준비가 반드시 필요하다는 점을 자각하고, 이제라도 자신에게 맞는 방법을 찾아 하나씩 준비해나가야 할 것이다.

자식 대신
집이
효도한다

노후를 위한 주택 활용법

우리나라 장년층 이상의 순자산을 보면 부동산 자산의 비중
이 가장 높다. 특히 정년을 앞둔 예비 은퇴자들의 경우 개인 자
산의 약 80퍼센트가 부동산 자산이다. 만일 금융자산으로 연금
을 충분히 마련할 수 없다면 보유한 주택을 활용해 부족한 노
후자금을 얻을 수 있다. 이른바 주택연금이다.

주택연금은 시가 9억 원 이하의 주택을 담보로 맡기고 평생
혹은 일정 기간 매달 노후생활자금을 받는 금융상품이다. 주택
담보대출(모기지론)이 주택을 담보로 대출받은 후 매달 원금과

이자를 분할 상환하는 제도라면, 주택연금은 매달(또는 2~3개월 단위) 일정액을 대출 형식으로 나눠 받은 뒤 만기에 원금과 이자를 한꺼번에 갚는 형식이기 때문에 역모기지론이라고도 한다. 좀 더 쉽게 설명하자면, 집은 있지만 다른 소득이 없는 노인이 주택을 은행에 담보로 맡긴 후 연금 형태의 대출을 받아 생활비로 쓰고 만기에 원금과 이자를 한꺼번에 갚거나 주택처분권을 은행에 넘기는 것이다.

주택연금의 수령액은 가입 시점의 집값과 가입자의 나이에 따라 차이가 있다. 나이가 많고 주택 가격이 높을수록 수령액이 많다. 나이가 적고 주택 가격이 낮다면 그 금액이 그리 큰 수준은 아니겠지만 노후의 안정된 현금흐름에는 도움이 된다.

주택연금의 월지급금 지급 방식에는 종신 방식, 확정기간 방식, 대출상환 방식, 우대 방식 이렇게 네 가지가 있다. 종신 방식은 말 그대로 가입자가 사망할 때까지 월지급금을 받는 것이고, 확정기간 방식은 고객이 선택한 일정 기간 동안만 월지급금을 받는 것이다. 대출상환 방식은 주택담보대출 상환용으로 인출 한도 범위 안에서 일시에 찾아 쓰고 나머지 부분을 사망할 때까지 매월 연금 형태로 지급받는 것이며, 우대 방식은 부부 기준 1억 5,000만 원 이하 1주택 보유자에게 더 많은 월지급금을 주기 위한 것이다.

예전에는 주택연금에 가입하려면 주택 소유자가 60세 이상이어야 했지만, 2016년부터 주택 소유자가 60세 미만이더라도 부부 가운데 한 사람만 60세가 넘으면 주택연금에 가입할 수 있게 되었다. 재테크 전문가들은 대체로 주택연금에 대해 "확정 금액을 죽을 때까지 안정적으로 받을 수 있다는 점과 주택가격이 떨어지더라도 손실을 줄일 수 있다는 점에서 노후자금 수단으로 유용하다"고 평한다.

주택연금만으로 노후 준비 충분한가

10년 전만 하더라도 집이 상속의 대상이라는 인식과 대출받아 생활한다는 역모기지론의 특징을 부정적으로 보는 경향이 있어 크게 활성화되지 않았지만, 자식에게 부양의 짐을 떠넘기기 싫고 노후를 보다 풍요롭게 보내고 싶다는 인식의 전환이 이뤄지면서 최근 들어 중요한 노후 대책 수단으로 급부상하고 있는 추세다.

그럼에도 불구하고 한국에서는 주택연금제도가 일반화되지 않았기 때문에, 실제 활용도에 대해 많은 사람들이 궁금해한다. 그중 특히 많이 묻는 질문이 집값의 변화에 따른 손실 여부다.

"만약 집값이 나중에라도 많이 오르면 주택연금 가입자가 손해 보는 것 아닙니까? 집값에 따라 총수령액이 결정된다고 하던데요?"

"종신형으로 가입했는데, 생각보다 오래 살아서 집값보다 그간 받은 연금이 더 많으면 어떻게 되나요? 혹시 자식들이 대신 갚아야 하는 건 아닙니까?"

이런 걱정을 많이 하는데, 주택연금은 시중은행에서 취급하는 상품이면서 공기업인 한국주택금융공사가 대출에 따른 상환을 보증한다는 특징이 있다. 대출원리금을 상환할 때 그 액수가 집값을 넘어서면 보증을 선 한국주택금융공사가 차액을 떠안게 되고, 반대로 집값이 대출원리금을 넘어서면 대출금을 갚고 남은 주택 처분액은 유족에게 상속된다. 혹시라도 집값이 크게 오른다면 중도해지도 가능하기 때문에, 가입자가 손해를 보는 일은 사실상 없다고 봐도 무관하다. 단, 해지일부터 5년간은 동일 주택으로 다시 가입할 수 없다는 점을 주의해야 한다.

주택연금은 가입자의 평생 거주와 평생 연금 혜택을 보장하며, 공적 보증이 뒷받침되기 때문에 지급 중단의 위험이 없고, 낮은 금리와 세제 혜택 등 여러 장점이 있다. 무엇보다 은퇴한 뒤 자녀들의 눈치를 보지 않고 당당하게 노후생활을 할 수 있으며, 상환에 대한 압박을 받지 않아도 된다. 주택연금은 사실상 국민연금을 제외하면 가장 안전한 노후 대책이라고 할 수 있지만, 이제 막 주목을 받고 있는 단계이기 때문에 시장의 변수에 따른 잠재적 위험성을 간과해서는 안 된다.

한 예로 총연금액이 결정된 후에 주택 가격의 변동에 전혀 영향을 받지 않는다는 점은 순기능과 역기능을 동시에 갖고 있는 것으로 받아들여야 한다. 주택 가격이 내려가더라도 연금 수급액이 변하지 않는다는 점은 수급자의 입장에서는 큰 장점임이 분명하지만, 역모기지론 시장이 커지고 부동산 시장의 변동성이 커진다면 금융시장에 큰 타격이 올 것이고 개인에게도 그에 따른 변화가 있을 수 있다.

따라서 수년에 한 번씩 보완되고 있는 주택연금제도에 대해 늘 주목하면서 새롭게 달라지는 점이 무엇인지 잘 살펴볼 필요가 있다.

사교육비를 재설계하라

지인 중 탄탄한 중견기업에서 일하는 40대 중반의 샐러리맨이 있다. 40대에 들어설 무렵 부장 직함을 단 그는 월소득이 세후 500만 원 정도로 그 연령대에선 괜찮은 편이다. 하지만 최근에 만난 그는 아이들 교육 문제로 지출이 너무 많다며 고민을 토로했다.

"내년에 고등학교에 들어가는 첫째는 영수 두 과목 학원비만 매달 100만 원이 들어갑니다. 둘째는 이제 초등학교 5학년인데 국제중학교 진학을 염두에 두고 월 90만 원에 개인교습을 시키

고 있어요. 교재비가 별도인데 그게 또 매달 20만원은 들어가
네요. 두 아이 모두 공부를 꽤 열심히 하는데, 안 시킬 수도 없
고 앞으로가 걱정입니다."

퇴직금은 집을 마련할 때 정산해서 쓴 지 오래고, 앞으로 3년
안에 상무이사로 진급하지 못하면 직장생활도 불투명한 실정
이어서 밤잠을 설친다는 말을 덧붙였다. 아내와 교육비 문제를
두고 진지하게 상의한 적도 몇 번 있지만, 그때마다 결론 없는
말다툼으로 끝났다고. 그러나 문제의 심각성을 느꼈다면 빠른
시일 내에 결론을 내리고 방향 전환을 해야 한다.

과도한 교육비 지출로 노후 대책은 고사하고 생활고에 힘들
어하는 가구, 일명 에듀푸어(edu-poor)가 늘어나고 있다. 2인
이상 도시 가구 중 빚이 있고, 소득보다 지출이 더 많은데도 교
육비를 평균 이상으로 쓰는 가구를 일컫는 말이다. '설마 빚을
지면서까지 교육비를 과하게 쓰는 사람이 있을까' 싶다면 아직
까지 현실 파악을 못하고 있는 사람이다. 만일 당신이 집 마련
등으로 대출을 받았는데 아이 교육 문제로 대출 상환을 계속
미루고 있는 실정이라면, 엄밀히 말해 에듀푸어에 속한다고 할
수 있다.

현대경제연구원에 따르면 2015년 말 기준으로 에듀푸어가
약 60만 6,000가구로 나타났다. 이는 자녀교육비 지출이 있는

614만 6,000가구의 9.9퍼센트에 해당하는 수치로, 유치원 이상의 자녀를 둔 10가구 중 1가구꼴이다.

내 자식을 가르치기 위해 돈을 쓴다는데 말릴 이유가 있겠느냐마는, 그로 인해 정작 자신들의 노후 대책이 뒷전이 된다면 이보다 더 심각한 문제는 없다.

초중고 자녀를 둔 이 시기의 부모들이 간과하는 사항이 있는데, 바로 목돈이 한 번에 들어가는 대학 학자금이다. 학자금 대출이 있다고는 하지만 그 역시 언젠가는 갚아야 할 빚이고, 자녀가 취업을 제때 못할 경우 결국 부모가 책임을 지게 되는 경우가 상당수다. 더구나 그 시기는 은퇴 이후여서 이전보다 애를 먹을 수밖에 없다. 행여 학자금을 상환하지 못하면 자녀가 신용불량자로 전락할 수도 있기 때문에, 이에 대비한 부모의 현명한 선택이 필요하다.

교육비와 노후자금, 동등한 가치로 준비하라

잔인하게 들릴지 몰라도, 보다 먼 미래를 위해 자녀를 포함한 가족 모두가 이 문제에 대해 충분히 이야기하고 단호히 방향 전환을 해야 한다. 부모의 노후가 제대로 준비되지 않으면 결국 자녀들에게 그 부담이 돌아가게 된다는 점을 설명하고, 가계 소득의 일정 금액을 노후자금으로 마련해두어야 한다는 당위성을 이해시키는 것이다. 더구나 아이들의 대학 입학 시점에 아버지가 퇴직하게 될 수도 있다는 것과 이에 대비해 대학자금 마련을 위한 저축이 필요하다는 사실도 정확히 알려주어야 한다.

"현재 들어가는 사교육비가 최소 200만 원이라는 걸 아이들에게 말해주세요. 그중 일부를 부모의 노후자금과 대학자금 마련에 사용해야 한다는 걸 설명하고, 지금 시점에서 줄일 수 있는 교육비를 최대한 줄이고, 아이들에게 가장 필요한 사교육을 직접 선택하게 하는 거죠."

앞서 예로 든 지인에게 내가 전한 조언이다. 핵심은 '교육에 투입한 돈과 자녀의 성공 간 상관관계'이다. 교육비를 많이 들였다고 아이가 성공한다는 통계 자료는 어디에도 없다. 오히려 부모의 지나친 교육열이 자녀를 망친 사례는 즐비하다.

부모의 불안한 노후는 결국 자녀의 부담으로 돌아가게 되니만큼, 이제는 자녀교육비와 노후자금을 동등하게 생각하고 1대 1 수준으로 준비할 필요가 있다. 만일 당신이 노후 준비를 제대로 못하고 있는 실정이라면, 경제적 능력을 떠나 자녀교육에 과도한 지출을 하고 있는 것은 아닌지 반드시 점검해보자.

좋아하는 일을 세컨드커리어로 만들어라

"당신에게는 인생의 플랜B가 있습니까?"

최근에 SNS를 통해 알게 된 친구 하나가 있다. 타임라인을 통해 우연히 보게 된 사진 몇 장이 계기였다. 풍경이든 사람이든 동물이든 하나같이 찍는 이의 따뜻한 시선이 느껴졌고, 위트 있는 글도 매력적이었다. 소개란을 보니 사진작가협회 소속에 'photographer', 'solo traveller'라고 기재되어 있어 여행을 전문으로 하는 사진작가이겠거니 싶었는데 웬걸, 개인적으로 대화를 나누어보니 그는 모 중견기업에서 마케팅 업무를 담당하고 있는 15년차 샐러리맨이었다. 혹시 대학시절 사진을 전공

했냐고 물으니 돌아오는 대답이 의외였다.

"전공은 전자공학입니다. 사진에 관심이 있었지만 실제로 카메라를 잡기 시작한 건 올해로 7년째예요. 어줍잖은 실력이지만 작가협회에 이름을 올리게 된 건 작년이고요. 찍다 보니 욕심이 생겨 지금은 주말마다 출사를 나갑니다. 두세 달에 한 번은 짧게라도 지방에 가고요. 덕분에 여행가라는 또 다른 직함을 쓰게 되었습니다. 하지만 사진도 글도 아직은 많이 미숙해요. 그래서 지금도 젊은 친구들을 따라다니면서 열심히 배우고 있습니다."

그러나 스스로 부족하다고 평가하는 것과 달리 그는 정식으로 원고 청탁을 받아 짧은 포토에세이를 지방 신문에 기고한 적도 있고, 여행 전문 잡지사의 인터뷰에 응한 적도 있었다. 많지는 않았지만 소정의 원고료를 받을 수 있었고, 지면에 이름이 실린 뒤로는 연락 오는 곳도 부쩍 늘었다고 한다.

40대에 들어서면서부터 회사에서 중책을 맡아 업무량도 늘고 팀장으로 이것저것 챙겨야 할 일도 많았지만, 그럴수록 스스로를 충전할 수 있는 다른 취미가 있어야 한다는 생각에 시작한 것이 사진이었다.

처음엔 동호회를 통해 기본적인 지식을 얻었지만 보다 잘 찍고 싶은 욕심에 담뱃값과 커피값을 아껴 대학에서 사진 관련

특강을 들었다. 그리고 출사를 나갔을 때의 감상과 추억을 간직하고 싶은 마음에 블로그에 꾸준히 글을 올리기 시작했다.

"다듬어지지 않은 제 글이 전문 편집자의 손을 거쳐 지면에 실리는 걸 보니 글에 대한 욕심도 생기더라고요. 그래서 요새는 주제 하나를 정해두고 짧게라도 제 생각을 글로 푸는 연습을 하고 있습니다. 사진과 글, 그것이 제 인생의 플랜B예요."

세컨드커리어를 위한 생산적인 취미활동

돈 없고 백 없는 우리에게 가장 중요한 것은 자기 자신에 대한 투자다. 몸과 마음을 튼튼히 하고 오로지 나만의 특화된 '무엇'을 만들어가는 것이 가장 좋은 재테크이며 동시에 나의 가치를 높이는 방법이다. 이때 그 가치란 남에게 인정받는 것보다 나 스스로 인정할 수 있는 것이 중요하다.

자신을 빛나게 갈고 닦는 것, 나아가 그로 인해 인생의 플랜B를 구비해둘 수 있다면 이것이 가장 확실한 노후대책이다. 우리는 이미 살면서 많은 우여곡절을 겪었다. 탄탄한 길을 달리기도 했고 험한 자갈밭의 오르막길을 힘겹게 지나기도 했다. 혼자, 때로는 함께 울고 웃으며 이만큼 오기까지의 내공은 상당할 것이다. 그 내공은 어떤 누구도 아닌 오로지 나만의 것이며, 그 내공으로 어떤 일이든 개척해나갈 수 있을 것이다.

그러니 내 안에 내재된 재능을 믿고, 아주 작은 가능성이더라도 자신의 가치를 높여줄 플랜B를 찾아라. 그래야 인생의 로드맵도 유지할 수 있다. 지금 하고 있는 일을 끝까지 최선을 다해 열심히 하면서, 가슴 뛰는 일, 평생 죽을 때까지 할 수 있는 일을 지금부터라도 찾아보자.

당신이 어렸을 때 즐겨 하던 취미는 무엇인가? 돈에 구애받지 않았을 시절, 당신을 가장 즐겁게 하던 일은 무엇인가? 그런 일을 찾았다면 미루지 말고 지금 당장 시작하자. 동호회나 구민회관을 통해 저렴하게 기술을 키워갈 수도 있고, 뜻이 맞는 사람 한둘과 스터디 그룹을 만들 수도 있다.

어떤 일이든 5년 정도 꾸준히 하면 준전문가 정도의 실력을 갖추게 되고, 5년 이상이 되면 그것으로 밥벌이를 할 수 있다. 앞에 소개한 내 지인처럼 말이다. 중요한 것은 돈 드는 일이 아닌, 돈 되는 일이어야 한다는 점이다.

당신이 지금 직장에서의 업무(자영업을 포함해) 외에 평소 즐기는 일이 무엇인지 한 번쯤 떠올려보길 바란다. 친구들과 어울려 술을 마시거나 영화를 보거나 기타 문화생활을 하는 건 솔직히 돈이 들었으면 들었지 돈을 버는 취미는 아니다(물론 예외

적으로 그런 취미로 돈을 버는 경우도 간혹 있다). 소비적인 취미가
아닌 생산적인 취미로 세컨드커리어를 만드는 것, 그것이 지금
당장 실천해야 할 첫 번째 노후 준비다.

처음 시작하는 재테크

1억 모을래? 그냥 살래?

1판 1쇄 | 2017년 11월 15일
1판 2쇄 | 2018년 1월 15일

지은이 | 맹재원

펴낸이 | 정연금
펴낸곳 | 멘토르
등록 | 2004년 12월 30일 제302-2004-00081호
주소 | 서울시 광진구 능동로 331 2층
전화 | 02-706-0911
팩스 | 02-706-0913
이메일 | mentorbooks@naver.com

ISBN 978-89-6305-138-3 03320

ⓒ 2017, 맹재원